Doris Röschmann

wurde 1966 in Hamburg geboren. Sie studierte Psychologie in Hamburg und absolvierte Weiterbildungen in Gestaltberatung und systemischer Therapie. Ihre spirituelle Schulung erhielt sie von Romulo V. Tajon in seiner von ihm entwickelten Selbstkraftquelle-Philosophie. Ihr beruflicher Weg begann zunächst als freiberufliche Trainerin für Kommunikation und Beraterin für Führungskräfte und Teams, einige Jahre später bildete sie Coaches aus und leitete Seminare zur Selbstführung. In ihre Therapiepraxis kommen Menschen, die Krisenunterstützung brauchen sowie bei der Heilung ihrer biografischen Wunden. Als Coach begleitet sie seit 25 Jahren Menschen bei Anliegen beruflicher Natur, in ihrer Selbsterkenntnis sowie Findung ihrer persönlichen Bestimmung.

Im Laufe ihrer mehr als dreißigjährigen Berufserfahrung entwickelte sie ihren eigenen Ansatz zur Selbsterkenntnis, den sie über Bücher, Vorträge und Seminare vermittelt. Sie ist Mutter einer erwachsenen Tochter, lebt in Hamburg und schreibt in Südtirol.

Mehr lesen und hören: www.doris-roeschmann.de

Auf der Spur

zur

wahren Natur

Mit Selbsterkenntnis zur Selbstliebe

Bibliografische Information der Deutschen Nationalbibliothek: Die Deutsche Nationalbibliothek verzeichnet diese Publikation in der Deutschen Nationalbibliografie; detaillierte bibliografische Daten sind im Internet über dnb.dnb.de abrufbar.

© 2024 Doris Röschmann
Kontakt: coaching@doris-roeschmann.de
Lektorat: Burkhard Vesper
2. überarbeitete Auflage
Herstellung und Verlag: BoD - Books on Demand, Norderstedt
ISBN: 978 3758369315

Auf der Spur
zur
wahren Natur

Inhalt

Subjective experience leads to self-knowledge.

Love to the wholeness of being.

Romulo V. Tajon (1943-2014)

Vorwort

Diese beiden Sätze schrieb Rommy Tajon vor vielen Jahren in seiner schönen, geschwungenen Schrift an eine Tafel in einem Seminarraum in der Lüneburger Heide. An diesem schönen Ort mitten im Wald verbrachte ich viele Wochenenden, weil ich regelmäßig an den Schulungen seiner von ihm entwickelten *Selbstkraftquelle* Philosophie teilnahm. Die Worte an der Tafel sprachen zu mir, als würden sie mich auf einen Weg rufen wollen. Ich machte ein Foto und klebte den Ausdruck in mein Tagebuch. Doch noch eine lange Weile habe ich mich nicht auf diesen Ruf einlassen können oder nur halbherzige Versuche unternommen, ohne dass ich hätte sagen können, was genau mich abgehalten hat. Als ich mir eingestand, dass ein Leben ohne Selbstliebe nicht das Feuer in mir entfachen würde, sondern ich immer wie auf halber Flamme köchelnd unterwegs wäre, wagte ich den Weg der Selbsterkundung. Ich nahm die Worte Rommys als Ziel, die Frage *„wer bin ich?"* als Kompass und begab mich auf diese besondere Forschungsreise. Während ich mich kennen lernte, entdeckte ich einige Prinzipien der Selbsterkenntnis und entwickelte meine eigene Methodik, wie ich aus meinen subjektiven Erfahrungen Erkenntnisse schöpfe. Und während ich meine Leben für eine Weile unter das Ziel der Selbsterkenntnis stellte, machte ich eine weitere Entdeckung, die zu meinem Motto wurde: *Finden ohne zu suchen.* Ich war fasziniert, wie es wirkte und „funktionierte".

Als ich immer häufiger gefragt wurde, wie ich dieses Motto umsetze, begann ich, es zu vermitteln. Die Rückmeldungen in meinen Kursen zeigten mir, wie leichtgängig dieses Motto in der Theorie klingt, jedoch anspruchsvoll in der Anwendung ist. Um diese zu veranschaulichen, erzählte ich von meinen persönlichen Erfahrungen und entdeckte eine mir bis dahin unerkannte Verbindung: Selbsterkenntnis führt automatisch zur Selbstliebe. Wie beide einander bedingen, erschien mir fast magisch, obwohl es erkenntnistheoretisch ganz logisch ist. Davon erzählt dieses Buch. Davon erzähle ich in diesem Buch. Die neun Essays vermitteln *wie* ich auf Spurensuche gegangen bin, in der Natur und in meiner Innenwelt, und *wie* ich dabei zu meiner wahren Natur gefunden habe. Diese neun Wege meiner Selbsterkenntnis sind das Herzstück des Buches. Meine persönlichen Erlebnisse vermitteln, wann, wo, mit wem und wie ich zu meinen Selbsterkenntnissen gekommen bin. Meine individuellen Erkenntnisse sind nur meine ureigene Wahrheit. Sie beruhen auf meinen Wahrnehmungen, die ich kalibriert, also als meine innere Wahrheit verankert habe. Meine Gänsehaut bestätigt mir dessen Gültigkeit. Meine Glücksgefühle bei jeder neuen Erkenntnis, die sich mir offenbarte, waren mir wie ein heiliger Beweis. Möge das Buch wie eine Brücke sein, den eigenen Dreiklang aus Gänsehaut, Glück und Gewissheit der eigenen Einzigartigkeit zu erkunden. Mögen die Geschichten Augen öffnen für magische Momente der Selbsterkenntnis. Mögen sie Lust auf diesen Weg machen und möge er von goldenen Momenten gesäumt sein.

Doris Röschmann
Hamburg, 06. Januar 2024

1.

Meine wahre Natur
oder:

Vom falschen Selbstbild zum echten Selbsterleben

„Die Erfahrung hat man erst, nachdem sie braucht"
Albert Einstein

„Ich bin kein Großstadtmensch" sage ich zu einer Freundin. Wir sitzen auf ihrer Terrasse, schauen in ihren großen Garten und trinken ihre selbstgemachte Limonade. Sie lebt seit knapp drei Jahren in einem denkmalgeschützten Haus am Waldrand in der Nähe eines Dorfes und widmet sich der Fotografie sowie anderen künstlerischen Projekten. Sie sieht entspannt aus. Wir haben uns lange nicht gesehen, und ich freue mich für sie, auch wenn ich gleichzeitig ein wenig neidisch bin. Seit mehr als drei Jahrzehnten lebe ich mitten in einer Großstadt und finde dort nicht zu dieser Entspannung, obwohl ich viel dafür „tue". Also habe ich mich vor einem Jahr auf den Weg gemacht, um endlich herauszufinden, wo ich leben will. Dabei machte ich eine Entdeckung: Je mehr ich Orte fand, an denen ich mich wie von selbst entspannt und fröhlich fühlte, desto klarer konnte ich herausfinden, welche Umgebung mir entspricht. Ich erkannte diese Orte daran, dass ich mich wie von selbst lebendig fühlte, und realisierte, dass ich bislang von einem falschen Kriterium ausgegangen war, denn es ging nicht darum, mich immer *gut*zufühlen. Es gab auch Tage, an denen es mir *nicht gut*ging. Doch selbst an diesen Tagen fühlte ich mich lebendig. Als mir dieser Unterschied bewusstwurde, erkannte ich, warum ich lange Zeit nicht herausfinden konnte, wo ich leben will: Mich *gut*fühlen verwechselte ich mit mich *lebendig* fühlen. Die Empfindung der Lebendigkeit kalibrierte ich in mir, machte sie also zu meinem inneren Maß. Sie wurde fortan zu meiner Wegweiserin und half mir, Orte ausfindig zu machen, die meinem Naturell entsprechen. Je häufiger und länger ich an Orten verweilte, an denen ich mich lebendig fühlte, desto mehr kam ich zur Ruhe. Erst mit diesem neuen Grundgefühl konnte ich zurückschauen: Mein Leben sah von außen betrachtet gelungen und erfolgreich aus. Ich war dankbar für all das Gute in meinem Leben und wusste gleichzeitig, dass etwas fehlte, ohne zu wissen, *was* mir fehlte. Überall fand ich Bücher und nahm an Kursen teil, in denen Wege zum Glück aufgezeigt wurden. Mit einer Kollegin entwickelte ich sogar einmal ein Konzept für ein Seminar mit einem Titel, der dieses inflationär verwendete Wort in sich trug. Wir waren nicht recht glücklich mit diesem Titel, und kamen uns vor wie Scharlatane. Dennoch war das Seminar regelmäßig gut besucht, und die Teilnehmer meldeten uns zurück, dass es für sie hilfreich und inspirierend war.

Viele Jahre später entdeckte ich noch etwas, was andere zuvor schon erkannt hatten, doch erst, als ich es selbst herausfand, war es wegweisend für mich: ich erkannte den Unterschied zwischen meinem *Ziel* und dem *Zielkriterium*. Glücklichsein ist nicht mein Ziel, sondern das Kriterium, das mir die Bestätigung gibt, auf der für mich richtigen Spur zu sein. Als mir klar wurde, *was* mein Lebensziel ist, fühlte ich mich endlich auf dem für mich richtigen Weg. Obwohl ich ahnte, dass es ein langer, vielleicht ein lebenslanger Weg sein könnte, fühlte ich mich endlich angekommen: nicht an einem Ort, nicht bei einem Menschen, sondern in *meinem* Leben. Das machte mich glücklich. Ebenso, wie ich zuvor *Lebendigkeit* in mir als Empfindung kalibrierte, so wusste ich fortan, wie es sich in mir anfühlt, wenn ich glücklich bin: in mir pulsiert es, durch meine Nervenbahnen strömt Energie, und meine Zellen scheinen zu leuchten. Auch dieses Empfinden speicherte ich in mir ab. Selbst Menschen, die mich kaum kannten, spiegelten mir überraschend, weil ungefragt: „Du strahlst ja". So bekam der altbekannte und ebenso inflationär verwendete Spruch „der Weg ist das Ziel" für mich Gültigkeit. Ich gab meinem Leben eine Ausrichtung und fand für mich die Metapher dafür: Forschungsreise. Als Forscherin fand und erfand ich immer neue Fragen. Ohne es beabsichtigt zu haben, entwickelte ich für mich eine Systematik und Methodik, mit der sich alle Erlebnisse einordnen und Erfahrungen auswerten lassen. Allmählich kristallisierte sich eine einzige Frage als wiederkehrender Ruf und zugleich Aufruf zu mir. Es ist eine einfache Frage. Warum sollte sie auch kompliziert sein? Es ist eine uralte Frage, warum sollte sie auch neu sein? Sie ist universell und individuell zugleich: *Wer bin ich?*

Mit dieser Frage ging ich zwar seit einigen Jahren durch mein Leben, doch fand ich nur ansatzweise Antworten heraus. Im Rückblick war ich zu sehr im Reflektionsmodus. In diesem Modus war weder der Weg vergnüglich, noch brachten die Erkenntnisse mich so recht weiter. Ich suchte einen Ansatz, der meiner Begeisterung für den Erkenntnisprozess an sich gerecht wird, indem er meine Sinnlichkeit sowie meine Freude an der Symbolsprache zulässt. Fündig wurde ich, indem ich Erzählungen von Menschen aus früheren Zeiten fand. Sie formulierten, wofür ich bislang keine Worte hatte und vermittelten mir ein Gefühl der Gefährten- und Gemeinschaft.

Auf *meine* Spur brachten mich der Mystiker Mevlana Dschelaluddin Rumi aus dem 13. Jahrhundert. Seine Texte sind durchdrungen von Sinnlichkeit und Tiefsinn, von Humor und Scharfsinn. Er schreibt bilderreich, konfrontiert mit frechen Fragen und provoziert zwischendurch mit durchaus derben Metaphern. Während ich von seinen nicht immer geraden Wegen in die Freiheit las, war mir, als spräche er über die Jahrhunderte hinweg direkt zu mir: „Trau Dich. Sei Du".

Seine Schriften verhalfen mir zu einem Paradigmenwechsel. Meine regelmäßige und stetige Hinwendung zu der mir schon bekannten Frage *„wer bin ich?"* blieb, doch meine innere Haltung zu dieser Frage wandelte sich, und so fand ich zu meinem Motto: *Auf der Spur zu meiner wahren Natur.* Es wurde auch darum zum Titel dieses Buches und meiner Seminare, weil es mich immer wieder daran erinnert, dass der Weg und das Ziel identisch sind: vor allem in der Natur habe ich herausgefunden, was *meine Natur* ist. Je deutlicher ich mir meiner wahren Natur bewusst wurde, desto offensichtlicher wurde mir, dass alles schon immer in mir war. Ich konnte es bislang nur nicht sehen. Warum nicht? Weil ich nicht wusste, wonach ich suchte. Weil ich *„die Erfahrung erst hatte, nachdem ich sie brauchte"*, wie Albert Einstein es auf den Punkt bringt. Um mich auf die Spur zu begeben, meine wahre Natur zu erkennen, musste ich die Bilder hinter mir lassen, die ich bisher von mir hatte. Jedes Selbstbild, sei es positiv oder negativ, führt nicht zum Selbst, weil es ein Bild ist. Ein Bild von mir selbst, verhindert mein inneres Empfinden. Dies liegt an der Beschaffenheit des Gehirns. Die Funktionsbereiche für die Konstruktion innerer Bilder sind andere als die für eine gegenwärtige Empfindung.

Für andere Menschen ist unsere wahre Natur offensichtlicher. Vor allem unser Naturell ist von Geburt an spürbar. Eine Mutter, die das erste Mal ihr Neugeborenes im Arm trägt, erfasst dessen Naturell intuitiv. In den folgenden Monaten und Jahren zeigt sich dann das Wesen, also die Art, wie wir mit der Welt in Kontakt treten. Eltern, Großeltern, ältere Geschwister, Lehrer und alle anderen, die uns in den Anfangsjahren unseres Lebens zur Seite stehen, können unsere Potenziale beobachten und Worte dafür finden. Wir selbst können das meist nicht, wir brauchen den Blick der anderen, um uns zu erkennen. Denn wir selbst sind so, wie wir sind, wir können uns also nicht selbst in unserem Sosein sehen. Wenn diese Rückmeldungen ausbleiben, was häufig geschieht, können uns unsere Erinnerungen auf die Spur zu unserer wahren Natur verhelfen: Noch bevor ich in die Schule kam malte ich wilde Formen oder verspielte Figuren, das Malbuch hingegen blieb unbeachtet in der Schublade. Hätte man mich aufgefordert, die Felder ordentlich auszumalen, wäre ich mir vorgekommen wie eine Versagerin. Warum? Das akkurate Ausmalen lag mir nicht. Oder: Als ich Teenager war, half ich meinem älteren Bruder in der Küche beim Pizzabacken. Ich griff mit beiden Händen in die Schale und warf das vorgeschnittene Gemüse querbeet über den Teig. Mein Bruder hingegen ordnete den Belag auf dem Pizzaboden so exakt an, dass sein Werk für uns alle ein Augenschmaus war, bevor wir es verspeisten. Durch meine Art nahm ich ihm seine Freude beim Belegen der Pizza, und wir stritten uns. Unzufriedenheit, Streit und Konkurrenz entstehen, wenn die Einzigartigkeit in Familien, Schulklassen oder Teams bewertet oder miteinander verglichen werden.

Auf Spurensuche zu gehen, also herauszufinden, was die eigene wahre Natur ist, bedeutet, den Fokus auf sich selbst zu richten und sich in den Mittelpunkt der Betrachtung stellen. Das ist für viele ungewohnt und einige befürchten, auf dem Weg zu ihrer Selbsterkenntnis ichbezogen zu werden. Das werden sie wohl auch, denn die ursprüngliche Bedeutung des Wortes ist: ich beziehe mich auf mich selbst. Kürzlich fragte eine Klientin besorgt, ob ihre intensive Auseinandersetzung mit sich selbst nicht narzisstisch sei? Sie wandte sich an mich mit dem Anliegen herauszufinden, was sie mit ihrem Leben nach einer Trennung nun anfangen wollte. Bevor sie sich ihrer Zukunft widmen konnte, galt es zunächst, herausfinden, wer sie ist. Und als sie das erste Mal in ihrem Leben ihren Blick auf sich selbst richtete, hörte sie diesen Vorwurf von ihren Freunden und von ihrem Exmann, mit dem sie wegen des fast volljährigen Sohnes noch in Kontakt stand. Ich wunderte mich über ihre Frage, da sie sich in ihrem bisherigen Leben sowohl familiär als auch beruflich „zu viel" um andere gekümmert und ihre eigenen Bedürfnisse zurückgestellt hatte. Narzissmus wurde von ihr also falsch verstanden, darum verunsicherte sie diese falsche Beurteilung. Nach einigen Sitzungen, in denen sie sich selbst auf die Spur gekommen war, konnte sie unterscheiden zwischen Selbstbezogenheit und einem Leben, in dem sie sich in den Mittelpunkt stellt. Ihre Erkenntnisse zu der Frage „wer bin ich?" machten sie fortan unabhängig gegenüber falschen Fremdbildern.

Wie wäre es wohl, wenn wir alle uns in den Mittelpunkt stellten und von dort Verantwortung für uns selbst, also für unser eigenes Denken, Fühlen und Handeln übernähmen? Ich bin mir sicher, wir lebten in einer friedlicheren Welt, in der

Diskriminierung, Ausbeutung und die damit einhergehenden Gewaltphänomene zunehmend ausblieben, weil Selbstliebe sich automatisch zu Respekt und Wertschätzung anderer ausweitet. „Ich beziehe mich auf mich selbst" bedeutet, ich mache nicht andere zur Ursache an meiner Misere, ich gebe nicht anderen die Schuld an meiner inneren Verfassung. Nur wenn ich mich selbst als Ursache für meinen gegenwärtigen Zustand betrachte, kann ich ihn auch ändern. Dafür muss ich herausfinden, wer ich bin. Wenn ich meine wahre Natur kenne, weiß ich, was mir guttut, welche Umgebung mir entspricht, was ich brauche und mit wem ich zusammenleben oder arbeiten will. Mich in meinem authentischen Sein zu erleben, bedeutet, mit mir selbst verbunden zu sein. Im Einklang mit mir selbst zu sein, bedeutet automatisch, diesen inneren Frieden in die Welt zu strahlen. Wenn ich mich selbst kenne, kann ich mein Leben auf schöpferische Weise leben, Antworten auf Fragen finden, die das Leben an mich richtet, und Lösungen für Probleme finden.

Wer den Weg der Selbsterkenntnis beschreitet, findet Zugang zu sich selbst und erfährt die eigenen inneren Schätze. Dieses Empfinden von Einzigartigkeit führt automatisch dazu, auch andere Menschen in ihrer Einzigartigkeit wahrzunehmen. Wer den Kontakt zum Selbst gefunden hat, kann emotionalen Abstand einnehmen. Wer sich selbst in seinem authentischen Sein erfährt, braucht sich nicht über andere zu erheben und erfährt sich nicht als ungenügend im Vergleich zu anderen. Andere können nicht mehr zur Bedrohung für den eigenen Selbstwert werden, weil der Selbstwert unabhängig von der Einschätzung anderer wird. Die eigene *wahre Natur* wird als innerer Reichtum erlebt.

Von der Kunst zu

finden ohne zu suchen

oder:

Eine Art Gebrauchsanweisung

Wie erkenne ich meine wahre Natur? Indem ich bereit bin, auf Spurensuche zu gehen. Indem ich mich aufgeschlossen und offen in Begegnungen erfahre. Indem ich jede Erfahrung als Gelegenheit zur Selbsterkenntnis betrachte. Dann betrachte ich jede Begegnung als Gelegenheit, die den Auftakt für einen Erkenntnisprozess einläutet. Er folgt einem Prinzip, welches ich nach und nach für mich entdeckt und in ein Motto gegossen habe: *Finden, ohne zu suchen.* Dieses Motto versetzt mich in eine aufmerksame Haltung. Wo auch immer ich unterwegs bin, laufen mir Überraschungen über den Weg, und so wird mein Weg der Selbsterkenntnis zu einem Vergnügen. Wenn ich mit einer Frage losgehe, finde ich und finden sich die Antworten in verschlüsselter Weise: zufällig oder beiläufig in Dialogen mit bekannten oder unbekannten Menschen und den daraus auftauchenden Assoziationen und Erinnerungen. Mein Motto versetzt mich in eine Haltung, in der ich meine gewohnten Bahnen verlasse. Dabei erfahre ich Begegnungen, die mir etwas über meine wahre Natur sagen.

Finden, ohne zu suchen ist ein Motto, eine Einstellung und eine Kunst. Wenn ich etwas suche, dann impliziert dies, dass es etwas Definiertes gibt, das ich finden will. Ich bin auf etwas fixiert und festgelegt, das es in meiner Vorstellung schon gibt. Damit verenge ich meinen Wahrnehmungshorizont, denn Vorstellungen formieren sich zu inneren Bildern. Diese stellen sich vor das Neue, das noch unbestimmt ist, also noch gar nicht in mir vorhanden sein kann. Jedes innere Bild bewirkt eine Unterscheidung zwischen dem, was zur Vorstellung passt, und dem, was nicht zur Vorstellung passt. Dessen muss ich mir bewusst sein, sonst ist es mir nicht möglich, diesen Modus in mir zu erkennen. Erst wenn ich diesen Suchmodus in mir bewusst wahrnehme, kann ich ihn ändern, indem ich in den *Findemodus* umschalte. Im *Suchmodus* sage ich zu mir selbst: „Ich suche". In diesem Modus bin ich diejenige, die in eine Welt *da draußen* schaut. Im *Findemodus* trenne ich nicht zwischen mir und der Welt. In diesem Modus bin ich *in* der Welt und in Resonanz mit der Welt. Meine Augen sind offen für alles, mein Fokus ist auf meinen Weg gerichtet, aber nicht fixiert auf das, was ich auf dem Weg sehe: *ich nehme die Steine auf dem Weg wahr, ich spüre einen Windhauch, ich höre das Zwitschern der Vögel, und ich rieche den Wald. Ich atme und gehe und spüre mich beim Gehen. Ich nehme einen Stein wahr, er scheint aufzuleuchten, er ist besonders hell oder besonders glatt oder besonders groß. Es ist, als habe der Stein auf mich gewartet und darauf, von mir gefunden zu werden. Ich bücke mich und nehme ihn in meine Hand. Ich spüre sein Gewicht, ich sehe seine Form und Farbe, ich spüre sogar seine Temperatur. Ich weiß in diesem Moment, dass dieser Stein etwas in sich trägt, was ich noch herausfinden werde. Darauf kann ich mich verlassen, und darauf freue ich mich schon jetzt. In diesem Moment erfreue ich mich dieses Fundstücks, das ich oder das mich gefunden hat.* So bin ich mit mir und der Welt verbunden und gegenwärtig. Ein Gedanke oder eine Erinnerung flattert vorbei, wie ein Schmetterling. Ich folge ihm und erfreue mich an ihm.Und dann zieht er weiter, der Gedanke wie der Schmetterling.

Ich gehe auch weiter, und dabei vollzieht sich ein Prozess in mir, der irgendwann zu einer Selbsterkenntnis führt. Es ist kein konzentriertes Denken, sondern ein inneres Gewahrsein aller Assoziationen, die in mir aufsteigen. Sie formen sich wie von selbst zu Eingebungen oder Einsichten.

Finden, ohne zu suchen erscheint wie eine Paradoxie. Wenn ich etwas finden will, muss ich wissen, wonach ich Ausschau halte, ohne genau wissen zu können, was es sein wird. Diese Haltung einnehmen zu können braucht Übung. Bevor ich etwas *herausfinden* kann, muss ich zunächst etwas *finden*. Das, was ich finde, kommt zu mir, ohne dass ich danach Ausschau gehalten hätte. Wenn ich *es* suche, finde ich es bestimmt nicht. Alles, was ich fand, war plötzlich *da*, indem *es* wortlos zu mir sprach. Ich sah es und nahm es, wenn es ein Stein oder ein Stock war. Ich fotografierte es, wenn es eine Wolke, ein Schmetterling, ein Baum oder ein Käfer war. Ich legte es in meine Hände, wenn es eine Feder, eine Blüte oder ein Zapfen war. Etwas in mir schien sich mit dem Fundstück bekannt zu machen. Wollte ich hingegen etwas Bestimmtes finden, fand ich nichts. Die Erklärung dafür ist ganz einfach: Ein Ziel, das ich mir vorstelle, ist außerhalb von mir. Ein Ziel setzt einen Prozess der Umsetzung in Gang, bei dem ich etwas erreichen will. Richte ich meine Aufmerksamkeit auf eine Absicht, bleibe ich verbunden mit meinem Inneren und offen für das Neue. Weil ich mir meine Absicht bewusst mache, richtet sich meine Aufmerksamkeit automatisch aus und „wandert" wieder ins Unbewusste, um von dort aus absichtslos zu wirken.

Was geschieht nun mit dem, was ich gefunden habe? Es birgt eine Botschaft, die symbolisch erfasst werden will. Nicht, indem ich reflektiere, sondern indem ich der Sprache lausche.

Und dann betrachte ich, wie Assoziationen in mir auftauchen und welche Erinnerungen sich einstellen. Jedes Essay zeichnet diesen Prozess nach und liefert somit ein Modell, *wie* ich zu meinen Erkenntnissen gelangt bin. Ich zeige, wie mich jede Entdeckung von meinem falschen Selbstbild zu meinem authentischen Selbsterleben geführt hat. Während ich auf Entdeckungsreise war, habe ich sechs Arten identifiziert, auf welche Weise ich das Motto *finden ohne zu suchen* praktizierte. Sie fungieren als Auftakt für einen Erkenntnisprozess. In dem Moment des Auftauchens ist noch nicht klar, welchen Aspekt des wahren Naturells sie offenbaren. Sie tauche immer überraschend auf und scheinen dennoch immer genau passend zu sein. Da ich es liebe, mit Worten zu spielen, fand ich denselben Anfangsbuchstaben für diese sechs Prinzipien:

1. **Fundstücke:**

In der Natur fand ich, meist auf dem Boden, Fundstücke, die ich spontan aufhob. In meinem Viertel sah ich Sachen, die andere abgelegt oder fallengelassen hatten. Es können auch „Dinge" sein, die sich nicht transportieren lassen: ein Refrain in einem Song, ein Bild in einer Kapelle oder ein Graffito an einer Hauswand, eine Wolke, ein Vogel oder im Wind tanzende Blätter. Fundstücke nehme ich entweder mit, oder ich fotografiere sie. Zuhause betrachte ich sie und lasse meinen Assoziationen freien Lauf. Manche „sprechen" eine deutliche Sprache, manche sind weniger offensichtlich. Die Erkenntnisse gelangen zu mir, als kämen sie nicht aus mir, sondern als schaute ich ihnen zu, wie sich sich auswickeln, als wären sie Blütenblätter einer Knospe.

2. Feedback:

Feedback kommt von Menschen, die mir klar und absichtsvoll ihren Blick auf meine Qualitäten schenken. Manche Aspekte meiner wahren Natur sind so mit mir selbst „verwachsen", dass sie der Selbstbeobachtung schwer zugänglich sind. Vor allem die eigenen Gaben erfassen und erkennen andere Menschen deutlicher, weil sie sich im Ausdruck zeigen.

3. Flow:

Hierbei geht es nicht um das Erkennen, sondern um das Wahrnehmen und das Fühlen. Mein inneres Empfinden von Flow ist mein Messgerät dafür, dass ich gerade eine meiner Gaben lebe: Ich kann vollkommen aufgehen in meinem Tun, also im Flow sein. Das Geschenk unserer Gaben besteht darin, dass wir sie gern ausleben. Es sind die Tätigkeiten, die wir ausüben um ihrer selbst willen und nicht wegen eines Ergebnisses. Die Kunst besteht darin, diesen Flow bewusst wahrzunehmen und mich dann zu fragen, welchen Namen diese Gabe trägt, mit der ich meine Tätigkeit vollbracht habe.

4. Fremdwahrnehmungen:

Diese Bemerkungen oder auch Komplimente werden beiläufig geäußert. Weil meine Aufmerksamkeit auf Selbsterkenntnis ausgerichtet ist, schnappe ich diese Aussagen über mich auf. Es können auch Kommentare mir unbekannter Menschen sein. Fremdwahrnehmungen sind im Unterschied zum Feedback nicht bewusst gesendete Rückmeldungen über mich. Sie flattern wie ein Schmetterling vorbei, die ich einfange und notiere, weil ich sie sonst vergesse. Sie können positiv oder negativ sein, dann gilt es, sie zu „übersetzen".

5. Framing

Hierbei geben mir meine vermeintlichen Unzulänglichkeiten den Anstoß zur Selbsterkenntnis. Sie resultieren aus meinem falschen Selbstbild und lassen mich hadern mit Seiten von mir, die ich als „zu viel" einordne. Beim Framing wandere ich durch einen pschologischen Prozess, der mit dem Betrachten einer Verhaltensweise beginnt, bevor ich diese analysiere: immer da, wo ich ein vermeintliches Defizit wahrnehme, nehme ich die damit verbundene negative Bewertung als Anlass und Auslöser, diese in mir zu verwandeln. Indem ich diese Qualität nicht mehr negativ bewerte, sondern neu einrahme, also frame. Es ist ein bewusster Prozess, bei dem ich dieses „zu" weglasse, also hinter mir lasse. Die Kurzformel für dieses Prinzip der Selbsterkenntnis lautet: Das, was mir vorher eine Last war, wird mir zu einer Lust. Es bedeutet nicht simples Schönreden, sondern eine gründliche Reflexion, als dessen Ergebnis ich diese Seinsart korrekt einordne und mir zu eigen mache. Es können auch abwertende Aussagen anderer über mich sein, die ich wie beim Goldwaschen zum Glänzen bringe.

6. Freude:

Freude ist ein so intensives Gefühl, das selbst Menschen, die sich als eher nicht so „fühlig" beschreiben, es unmittelbar empfinden und benennen können. Sie ist Ausdruck davon, dass ich mein Naturell, mein Wesen oder meine Gabe lebe und auslebe. Empfundene Freude ist Resonanz von innen. Sie zeigt mir, dass ich mit mir verbunden und mit mir glücklich bin. Diese Form der Freude ist aktiv erfahrene Selbstliebe.

Vom Dreiklang meines Seins
oder:

Drei mal drei Fundstücke

Wer bin ich? Diese Frage mit ihren drei Wörtern war mir zu groß. Ich mag die Zahl 3, und ich mag Metaphern. So erfand ich bei meiner Spurensuche den *Dreiklang meines Seins*.

Das Fragewort *Wer* wandelte ich um in das Fragewort *Wie*. Fragen lenken das Denken. Die Frage W*ie* lenkt und lädt ein zum Wahrnehmen und Empfinden. Die drei Aspekte meiner wahren Natur, also mein Naturell, mein Wesen und meine Gaben, führen auf drei verschiedene Spuren:

Die Frage zum Naturell:
Wie erlebe ich mich in meiner inneren Welt?

Die Frage zum Wesen:
Wie verbinde ich mich mit der Welt?

Die Frage zur Gabe:
Wie gebe ich mich in die Welt?

Da ich selbst bin, wie ich bin, ist die Beantwortung dieser einfachen Fragen nicht trivial. Wie soll ich mein Naturell erfassen, das wie meine Signatur in mir ist? Wie kann ich meine Wesensart erkennen, also die Art und Weise, wie ich mich mit der Welt verbinde? Wie kann ich meine Gaben herausfinden, die schon immer in mir waren? Mit diesen Fragen braucht es einen Weg zu den Antworten. Dieser Weg führt ins bewusste Erleben, dort finden sich die Antworten.

1. Das Naturell

Es ist unser ursprüngliches Sein in der Welt. Es umfasst unsere Beschaffenheit oder unsere Konstitution. Unserem Naturell kommen wir auf die Spur, indem wir uns fragen: *Wie* erlebe ich mich in mir selbst? Die Qualität unseres Naturells erfahren wir über unsere Empfindungen von uns selbst. Um unser Naturell zu wissen, bedeutet, unsere eigene Kraftqualität zu spüren und aus dieser Quelle schöpfen zu können.

2. Das Wesen

Es umfasst unsere Art und Weise, uns mit der Welt zu verbinden und in Kontakt zu treten. Wir erfahren und erleben unser Wesen über und in Begegnungen mit allem Lebendigen. Wir kommen unserem Wesen auf die Spur, indem wir uns beobachten und spüren, auf welche Weise wir mit der Welt in Kontakt treten und uns wie von selbst verhalten.

3. Die Gaben

Sie sind scheinbar mit uns „verwachsen", weil sie von Anfang an als Potenziale in uns vorhanden sind. Darum fällt es uns nicht leicht, uns unserer Gaben bewusst zu werden. Es braucht ein klares Kriterium, um diesen Aspekt der wahren Natur zu erkennen: Vergnügen, Freude und Flow führen uns zu unseren Gaben. Sie wollen ausgelebt werden. Wenn sie unterdrückt werden, entsteht Unzufriedenheit und Unsicherheit. Sie sind die Quelle unserer Leidenschaft, wie Michelangelo es weiß: *"Deine Gaben liegen dort, wo sich deine Werte, Leidenschaften und Stärken treffen. Diesen Ort zu entdecken ist der erste Schritt, um dein Meisterwerk, dein Leben, zu gestalten."*

Die Spuren zur wahren Natur

Die Essays erzählen von Begegnungen mit Menschen, die etwas an mir oder von mir wahrgenommen haben. Sie beginnen meist mit einer Beobachtung über mich selbst in einer Begegnung oder ein Satz, der mir zu Ohren gekommen ist. Ich frage mich, was mich daran hat aufmerken lassen. Schreibender Weise erkunde ich mich: Was fällt mir zu den Begebenheiten ein? Was will mir dieser Satz in dieser Situation sagen? Die Antworten tauchen auf, indem ich mich auf den faszinierenden Prozess der Erkenntnis einlasse. Wie ich das mache, veranschauliche ich in den Essays. Sie folgen wie bei einem mäandernden Fluss einem Verlauf, den ich teilweise erst beim Niederschreiben erfasse. Sie folgen dem Dreiklang meines Seins, der meinen Selbsterkenntnissen seine Struktur gibt. Wer sich beim Lesen fragt: *Was will mir die Autorin sagen?* wird keine Antwort finden. Denn die Botschaft aller Essays ist die, dass Selbsterkenntnis ein Prozess ist, der sich wie an einer Drehtür zwischen der Innen- und der Außenwelt entfaltet. Die Essays stehen exemplarisch dafür, wie ich den Dreiklang meines Seins herausfand. Auftakt für den Prozess meiner Selbsterkenntnisse waren entweder meine eigenen Erlebnisse oder Aussagen anderer. Beide „liefen" mir über den Weg. Ich fand sie, ohne zu suchen. Die Menschen, die in den Essays mit Namen oder anonym vorkommen, bleiben für immer mit diesen Erkenntnissen verbunden.

Naturell:

1. Im Essay *Ein musikalisches Fundstück* erzähle ich, wie ich über ein Wort in einem Songtitel mein heiteres Gemüt entdeckte. Einige Monate später erkannte ich, dass es meine Frohnatur ist, die mir trotz Widrigkeiten gute Zeiten beschert.

2. Im Essay *Ein farbenreiches Framing* finde ich heraus, wie meine Empfindsamkeit von einer Last zur Lust wird. Diese zu lieben zeigt sich darin, wie ich Schönheiten der Welt entdecke.

3. Im Essay *Ein edles Feedback* erzähle ich von einem Geschenk, das mich auf symbolische und direkte Weise mit meiner Intensität und Leuchtkraft bekannt machte.

Wesen:

1. Im Essay *Freude für die Sinne* entdecke ich mein sinnliches Wesen. Während ich es auslebe, erlebe ich, wie mich meine Sinnlichkeit ins Hier & Jetzt führt, und ich die Gemeinschaft anderer genussfreudiger Gefährten finde.

2. *Ein seltenes Fundstück* erzählt von einer Begegnung mit einem Bergbauern, die mir aufzeigt, wie aufgeschlossen ich allem Lebendigem gegenüber bin. Meine Wertschätzung in Begegnungen führt zu besonderen Geschenken: Weltwissen.

3. Im Essay *Ein fröhliches Framing* erzähle ich, wie ich meine humorvolle Wesensart erkenne. Sie ermöglicht Heiterkeit und Leichtigkeit in Begegnungen. Über mich selbst lachen zu können erweist sich als Ausdruck meiner Selbstliebe.

Gaben:

1. *Ein kreiertes Fundstück* ist mein Lieblingsessay. Es „lief" mir im Frühjahr 2020 über den Weg, als ich im Park spazieren ging. Dort *fand* ich ein künstlerisches Ensemble aus Styropor. Ein kurzer Dialog darüber mit einem Ensemble aus jungen Leuten führte mich zu meiner Kreativität, die sich mal als abschweifendes Assoziieren und mal als Ideenreichtum offenbart.

2. Das Essay *Eine famose Fremdwahrnehmung* beginnt mit dem Ausruf einer jungen Frau, ich sei närrisch. Dank ihr wurde mir bewusst, wie wohl ich mich in komplexen Welten und wie fremd ich mich in der „normalen" Wirklichkeit fühle. Dieses „Anderssein" führte mich auf die Spur zur Gabe des vernetzten Denkens. Sie zeigt sich anderen als Scharfsinn. Diese Gabe hilft mir, das Konzept von Zeit und Raum hinter mir zu lassen und die Flughöhe wechseln zu können. Mit ihr kann ich eintauchen in die tiefen Gewässer des Unbewussten. Wenn mir nur wenige dabei folgen wollen, hat die Närrin in mir dennoch Freude.

3. Im Essay *Feedback einer Erfahrenen* tauche ich ein in Stationen meiner beruflichen Biografie als Dozentin. Erst die Kenneraugen einer Kollegin verhalfen mir zur Erkenntnis meiner dritten Gabe: Sprechen und Schreiben. Beide sind Ausdruck meiner Liebe zur Sprache und meiner Lust, mit Worten zu spielen. Lehren und Vermitteln sind die Folge meiner Leidenschaft des Lernens. Meine Begeisterung ist die Quelle, mit der ich andere inspiriere.

Mein Naturell
Wie bin ich in meiner Welt?

Ein farbenreiches Framing:
oder: True colours

Ich bin überzeugt, dass meine Tiefe im Empfinden mich außergewöhnlich macht und dass sie meine Fahrkarte ins Wunderland ist."

Deborah Feldman

Ich bin auf dem Weg nach Hause. In mir grummelt es, darum fahre ich unkonzentriert. Ich will mich nicht so fühlen, wie ich mich gerade fühle. Um mich abzulenken, schalte ich das Radio ein. Es werden Hits aus den 80er Jahren gespielt, ich kenne sie und tauche ein in die vertrauten Melodien. Dabei versuche ich, meine Gefühle zu sortieren: Ich hatte mich so auf den Abend mit früheren Kollegen in kleiner Runde gefreut. Wir kannten uns gut, weil wir uns während unserer ersten Berufsjahre regelmäßig zum Erfahrungsaustausch trafen. Heute tauschten wir uns über unser Leben aus und sprachen über die Vor- und Nachteile unseres Trainerberufes, über Seminarhäuser, deren Architektur im Allgemeinen und von Hotelzimmern im Besonderen. Obwohl ich prinzipiell gern unterwegs bin und an unterschiedliche Orte reise, um dort Seminare zu geben, mag ich es nicht so gern, nicht in meinem eigenen Bett schlafen zu können. Ich erzählte von früheren Schlafstörungen, weil ich mich in den meisten Hotels unwohl fühlte. Ich traute mich zu erzählen, was in mir los ist, wenn ich ein Zimmer betrete: ich weiß unmittelbar, ob ich mich wohlfühle oder nicht. Meine Kollegen fragten nach, und ich versuchte zu erklären, dass das ein Empfinden in mir ist und nicht aus einer Bewertung über den Raum und dessen Einrichtung resultiert. Ich weiß auch in einem Restaurant, an welchem Platz ich sitzen möchte oder keinesfalls sitzen darf, was dazu führt, dass ich zuweilen meinen Platz wechseln muss. Meine Empfindsamkeit braucht eine harmonische, ästhetische und ruhige Umgebung. Dann blühe ich auf und bin offen und interessiert an meinem Gegenüber. Überall dort, wo es laut und stickig ist, die Tische zu eng aneinander stehen und Farben grell oder unharmonisch auf mich wirken, mache ich unwillkürlich „dicht". Es ist eine Art Schutzinstinkt, den ich erst vor Kurzem erkannt habe. Ich versuchte meinen Kollegen zu erklären, welche Kriterien es sind, die mich beim Betreten eines Raumes oder Ortes unwillkürlich entspannen oder verspannen lassen. Zunehmend merkte ich, dass meine Ausführungen für sie nicht nachvollziehbar waren. Ich fühlte mich unverstanden, ein Erleben, das ich früher häufig hatte und das regelmäßig bewirkte, mich einsam zu fühlen, obwohl ich mitten unter Menschen war. Den Tiefpunkt des Abends bildete ein Satz, der bestimmt nicht so gemeint war, wie er bei mir ankam: „Doris, du bist aber auch sensibel". Für mich hörte sich dieses Wort an, als stimme etwas nicht mit mir, und offenbarte mir genau den Unterschied zwischen den anderen in der Runde und mir: meine Sensibilität. In diesem Begriff sind zwei Bedeutungen enthalten, Empfind*sam*keit und Empfind*lich*keit. Früher bezog ich nur die negative Bedeutung auf mich und bezeichnete mich als empfindlich, wenn mir Musik zu laut war, Geräusche im Raum mich ablenkten, grelles Licht mich erschöpfte, ein synthetisch riechender Teppich bei mir Ekel oder parfümierte Bettwäsche Übelkeit in mir hervorriefen. Erst als ich realisierte, wie ich mich in der Natur fühlte, vollzog sich in mir der Wandel: Ich entdeckte, dass meine hohe Sensibilität nicht nur keine Last sein muss, sondern sogar eine Lust sein kann, und bezeichnete mich fortan als empfind*sam*. In der Natur können meine Sinne einen anderen Zweck erfüllen, nämlich mich selig machen, weil sie mich zu Empfindungen führen, die bewirken, mich wohlig und lebendig zu fühlen. Ich schlafe mühelos ein, selbst wenn in der Nähe ein Wildbach tost. Es liegt nicht an der Lautstärke, ob ich mich entspannen kann oder nicht, sondern an der Art der Geräusche. Ich benötigte zwei Jahrzehnte, um herauszufinden, dass es eine Überschrift gibt für diesen Aspekt meines Naturells: Hochsensibilität. Mit diesem Etikett hatte ich zunächst eine Einordnung für mich gefunden und konnte besser nachvollziehen, warum ich tiefer empfinde als andere Menschen. Inzwischen verwende ich diesen Begriff nicht mehr, denn er wurde inflationär verwendet und so von einer Einordnung zu einer Schublade, auch mit negativem Unterton. Menschen mit dieser Wahrnehmungsweise, die mittlerweile als Neurosensitivität bezeichnet wird, sind für andere meist merkwürdig, zumindest solange sie nicht einen Weg für sich gefunden haben, wie sie mit ihrer Art gut durchs Leben kommen können. Meine feine Empfindungsfähigkeit habe ich mittlerweile angenommen, und seitdem finde ich Biografien oder Zitate von Menschen, denen es wohl ähnlich ergangen ist. Sie haben ein Leben als Einsiedler gewählt. Ohne sie zu kennen, fühle ich mich mit ihnen verbunden. Ich weiß, dass sie nicht einsam waren, und auch ich fühle mich nicht mehr einsam. Früher war es relativ häufig mein Grundgefühl, ohne dass mir das anzumerken war, weil ich eine gesellige Seite habe. Dieser Abend erschien mir wie ein Ausflug in meine belastete Vergangenheit. Während ich gedanklich in diese Zeit eintauchte, in der ich häufig erschöpft war und mich fremd fühlte, weil ich mir selbst fremd war, ertönte aus dem Radio ein Song, der mich an glückliche Momente meiner Jugend erinnerte, als ich regelmäßig tanzen ging: es erklang der Song *True Colours* von Cyndi Laupers. Er bringt mich auf zweierlei Weise in die Gegenwart zurück: die Musik durchströmt mich mit schönen Empfindungen, und der Refrain bringt mich zum Sinnieren. Ich tauche ein in ein Meer aus Assoziationen, und von dort steigen Erkenntnisse auf. Während ich also im Auto auf dem Weg nach Hause sitze, bringt die Melodie mich sofort zurück in die 80er Jahre. Als der Refrain erklingt, wird es friedlich in mir, denn allein die beiden Worte *true colours* bringen mich, metaphorisch gesprochen, zu meinen Farben zurück. Sie erinnern mich, wie sehr ich mich mag mit meiner Feinsinnigkeit. Sie verschafft mir Lebenslust, denn wenn ich sie bewusst erlebe und auslebe bin ich glücklich, dann blühe ich auf oder kann mich ganz tief in mich hineinsinken lassen. Wenn ich mich an meiner Empfindsamkeit erfreue und sie genieße, fühle ich mich automatisch verbunden mit mir selbst und auch mit der Welt. Und dann geschieht etwas für mich Magisches: fremde Menschen lächeln mich an oder grüßen mich. Manchmal entstehen kurze Dialoge oder sogar Komplimente. Und seitdem ich meine Sensitivität anerkannt habe, kann ich sogar in Ausnahmefällen in Hotelzimmern übernachten, deren Atmosphäre *unterirdisch* ist.

Während ich dieses Wort schreibe, wird mir bewusst, wie passend es in seiner Metaphorik ist. Denn so häufig sehe ich einen Wolkenhimmel, einen Berg, einen Mensch oder einen Garten, den ich als *überirdisch* schön empfinde. Weil ich mich mit meiner Empfindsamkeit mag, entdecke ich überall auf der Welt andere empfindsame Wesen. Auch sie hören Töne, Stimmen und Musik mit ihrem Körper, und wir verständigen uns darin wortlos. Mittlerweile bin ich froh, dass dieser Abend so verlaufen ist, wie er war, weil ich dadurch den markanten Unterschied zu früher realisieren konnte. Seitdem ich mich mit meiner Empfindsamkeit kennengelernt habe, weiß ich genauer, was mir guttut und was nicht. Auch mit meiner Zartheit kann ich mich mittlerweile besser zeigen, weil sie mir nicht mehr als Mangel an Robustheit oder Belastbarkeit erscheint. Während ich mir all dieses vor Augen führe, höre ich den Refrain, in dem Cyndi Laupers jemanden direkt anspricht: *„Ich sehe deine wahren Farben, wie sie durch Dich leuchten. Deswegen liebe ich Dich. Also hab keine Angst sie zu zeigen."* In der Natur sind alle wahren Farben ersichtlich und vorbestimmt. Welche Farbe die Blüte einer Pfingstrose trägt, ist schon in ihrem Keim angelegt. Die Blume folgt ihrer Natur, ohne sich ihrer bewusst zu sein. Wenn ich mein Naturell erkennen will, brauche ich einen Blick für mich selbst, keinen analysierenden, sondern einen inneren Sinn, mit dem ich mich empfinden kann. Menschen, die ihre *wahren Farben* entdeckt haben, strahlen aus sich selbst heraus, ob leise oder laut, es ist immer ein Strahlen, dessen Natürlichkeit andere instinktiv wahrnehmen. Mit dieser Wahrnehmung unseres Nervensystems erfassen wir jenseits des Bewusstseins, was ein anderer Mensch ausstrahlt, und ob er authentisch und echt ist.

Dieser Sinn wird in der Fachsprache Neurozeption genannt. Wenn ich diesem inneren Sinn in mir Beachtung schenke, offenbart sich mir nicht nur mein Naturell, sondern ich erfasse damit auch das Naturell eines anderen Menschen. Dieser Sinn ist mein Sinn für Echtheit, Authentizität und Natürlichkeit. Alles in der Natur ist natürlich, wie auch sonst. Überall dort, wo das Natürliche dauerhaft durch Künstliches ersetzt wurde, verkümmert nicht nur dieser innere Sinn, sondern es stumpft auch dauerhaft die Empfänglichkeit der anderen Sinne ab. Nur in der Natürlichkeit kann ich mich mit meinen wahren Farben zeigen, und dabei eine Freude erfahren, die ich mir selbst und anderen mit meinem Echtsein mache. Solange ich mich nicht kenne und anerkenne mit meinem Naturell, mache ich mich abhängig von der Reaktion anderer und habe Angst vor deren Bewertung und Beurteilung. Scham hält mich ab, mein wahres Naturell zu zeigen. Wenn ich auf die Anerkennung anderer hoffe, bleibe ich abhängig davon, dass und wie andere mich sehen und erleben. Cyndi Lauper hat mit ihrer Metapher eine Botschaft in die Welt gesungen, mit der wir alle metaphorisch unsere eigenen Farben entdecken können.

True Colours ist der Song, der mich an meine frühere Wandlung erinnerte. Er kam in einem Moment zu mir, in dem ich mich gerade von einer Begegnung mit Menschen erholte. Bei dieser wiederholte ich wie früher den sinnlosen Kampf, meine Empfindungstiefe zu erklären und zu verteidigen. Der Refrain erinnerte mich daran, dass ich nicht darum kämpfen oder werben muss, verstanden zu werden. Wenn ich meine Empfindungstiefe liebe, habe ich immer eine „Fahrkarte ins Wunderland".

Ein musikalisches Fundstück oder:
Doris Delight

Liebe Frau Röschmann,
neulich hatten wir über delight als „Ihr Wort des Jahres"
gesprochen. Ich hatte mich dunkel erinnert an das Lateinische
deligere: lieben, und davon abgeleitet diligibile: liebenswert.
Hier kommt endlich das angekündigte Luther-Zitat aus seinen
Heidelberger Thesen von 1518. Es handelt natürlich von Gott,
aber vielleicht passt es trotzdem: Amor Dei non invenit, sed
creat suum diligibile: Gottes Liebe findet nicht vor, sondern
erschafft sein Liebenswertes. Herzliche Grüße von G.C.

Als diese Mail in mein Postfach flatterte, war ich in doppelter
Weise erfreut, denn die Übersetzung und Erläuterungen zum
Ursprung des Wortes *delight* kamen von einer liebenswerten
Frau, einer langjährigen Klientin. Sie ist Historikerin mit dem
Spezialgebiet Kirchengeschichte, und suchte mich immer mal
wieder auf, um zwischen ihrem Beruf und ihrer Familie eine
Balance zu finden. In der Sitzung ging es um ihre Mutterrolle.
Sie wollte loslassen und vertrauen können, dass ihre gerade
volljährigen Zwillingstöchter nun bereit seien für ihren
eigenen Weg ins Leben. Sie war sehr bewegt, als sie für die
beiden jeweils zwei Begriffe gefunden hatte, die diese in ihrer
Einzigartigkeit und damit maximalen Unterschiedlichkeit
präzis und poetisch zugleich beschreiben. Ich erklärte ihr, dass
das Vertrauen in ihre Töchter in dem Maße wachsen könne, in

dem sie um die Potenziale wisse, die in den beiden schlummern und entdeckt werden wollen. Um ihr dieses Prinzip zu veranschaulichen, erzählte ich ihr von einem Wort, das ich erst kürzlich für mich selbst gefunden hatte und als „mein Wort des Jahres" getauft hatte: *delight*. Weil in ihm auch das englische Wort *light* enthalten ist, meinte ich laienhaft, es müsste etwas mit *Licht* zu tun haben, doch sie vermutete, dass es seinen Ursprung im Lateinischen *deligere* haben müsse, erinnerte sich an das Zitat Martin Luthers und bot mir an, mir die Ergebnisse ihrer Recherche zukommen zu lassen. Wir wandten uns wieder ihrem Anliegen zu und fanden im Nu jeweils zwei Begriffe für ihre beiden Töchter. Sie zeigten ihr, dass beide reich gesegnet sind mit ihren Gaben. Als Mutter mit ihrem nicht nur liebenden, sondern vor allem wachen Blick kann sie diese erkennen. So realisierte sie, dass die beiden gut ausgestattet sind, um ihren eigenen Weg durchs Leben zu finden. Strahlend verabschiedete sie sich, und ich vergaß unser kurzes Gespräch über den Ursprung des Wortes *delight*. Auch darum freute ich mich über ihre Mail, denn sie hatte es nicht vergessen.

Die Herleitung seines Ursprungs und das Zitat Martin Luthers haben mir erneut gezeigt, dass Worte viel mehr als nur Worte sind, sondern dass sie eine Kraft in sich tragen, die ich mir zu eigen machen kann. Und auch die Art und Weise, wie das Wort *delight* mich gefunden hat, trägt eine Kraft in sich: Einige Wochen zuvor flatterte es zu mir, als ich eine Freundin besuchte, die auf ihrem Weg in die Selbständigkeit war. Sie zeigte mir ihren ersten Entwurf für ihren Auftritt im Netz. Dabei erzählte sie mir von dem inneren Klärungsprozess, in dem sie ihre Mission erkundet und diese mit einem Wort verankerte. Ihr Wort löste bei mir eine Gänsehaut aus. Diese besondere innere Resonanz empfinde ich immer dann, wenn ich etwas höre oder sehe, das eine Schönheit in sich birgt, die mich von einer linearen Welt in eine Dimension jenseits von Raum und Zeit trägt. Ich erzählte ihr von meiner Empfindung. Unvermittelt fragte sie mich: „Und was ist Dein Wort, Doris?" Meine Antwort blieb aus, doch dafür hatte ich nun eine Frage, Sie gab meiner Aufmerksamkeit eine Richtung. Während wir weitersprachen, lief im Hintergrund ein Song von der Band *Bukhara*, der meine Aufmerksamkeit gewann. Der Song heißt: *My name*. Er erzählt von den Tiefen des Lebens, von den Höhen der Liebe und vom Loslassen. Wir hörten den Song mehrmals und sprachen über die Kraft unserer Namen. Ich erzählte ihr, dass ich viele Jahrzehnte mit meinem Namen nicht so recht etwas anfangen konnte. Als ich über einen Filmtitel entdeckte, was *D'or* im Französischen bedeutet, nämlich *golden*, freundete ich mich mit meinem Namen an.

Zuhause angekommen lud ich mir diesen und zwei weitere Songs von Bukhara auf mein Smartphone und machte Mittagsschlaf. Er war tiefer als sonst und zog mich in intensive und interessante Traumbilder, so dass mir das Aufwachen schwerfiel. Um wieder in mein Tagesbewusstsein zu gleiten, lauschte ich einem der drei neuen Songs. Noch immer wandelte ich zwischen Traumland und Tagesbewusstsein, doch als ich den Refrain von *strange delight* hörte, wurde ich unmittelbar hellwach, denn ich wusste in diesem Moment, dass ich mein Wort gefunden hatte: *delight*. Das Wort *strange* strich ich, und so verursachte dieses musikalische Fundstück einen Freudenrausch in meinen Zellen. Zusätzlich landete es im Sprachzentrum meines Gehirns.

Dort bescherte es mir eine weitere Freude, denn *Doris delight* passt erstens zu meiner Liebhaberei für Alliterationen, und zweitens trägt es eine Fülle an Bedeutungen in sich, aus denen ich mir zwei besonders passende auswählte: *Vergnügen und Entzücken.* Seit diesem Tag im Oktober trage ich *Doris delight* als Metapher für mein Naturell vergnügt mit mir herum. Ich erzähle es begeistert meinen Freunden, um es weiter in mir zu verankern. Wenn es passt, verwende ich es als Anschauung in Beratungssitzungen.

Im Nachhinein erkenne ich, dass ich *Doris delight* zunächst wie einen Talisman getragen habe, denn einige Monate später erfahre ich, dass dieses Wort vielmehr ist. Als mein Naturell ist diese Vergnüglichkeit *in mir* und beschert mir eine Kraft, die mich auch durch unangenehme Erfahrungen begleitet. Was war geschehen? Im darauffolgenden Frühjahr fuhr ich in die Berge Südtirols und mietete mich für mehrere Wochen in eine Ferienwohnung ein, nicht, um Ferien zu machen, sondern um zu schreiben. Während der weiten Anreise besuchte ich über mehrere Stationen einige Freunde. Als ich nach einer Woche in Südtirol ankam, bekam ich von einer Minute auf die andere hohes Fieber. In der Apotheke bestätigte sich mein Verdacht, dass mich das Coronavirus „besuchte", und begab mich für unbestimmte Zeit in Quarantäne. Zu meiner Ferienwohnung gehörte ein eigener kleiner Garten, so dass ich mich, eingewickelt in Wolldecken, im Liegestuhl von der Sonne bescheinen lassen konnte. Meine Vermieterin versorgte mich und stellte mir leckere Lebensmittel vor die Tür. Ich war also gut aufgehoben. Freunde und Familie bedauerten mich, ich hingegen blieb vergnügt, weil ich diesen Ort perfekt fand für eine Erkrankung dieser Art. In Hamburg hätte ich nicht für eine so lange Zeit in Isolation sein wollen. Nachdem das Fieber abgeklungen war, konnte ich die restlichen Tage der Quarantäne sogar richtig genießen und las endlich einige der Bücher, die sich schon seit langem bei mir stapelten, und schaute inspirierende Serien über die Biografien von Albert Einstein und Stephen Hawking. Als ich endlich wieder genesen war, wollte ich die Bergwelt erkunden. Mein innerer Schwung schien in dieser Zeit gewachsen zu sein, ich wurde übermütig, stieß mich an einem Holzbalken auf eine fast komische Weise und zog mir eine Gehirnerschütterung zu. Ich schaffte es noch nach Hause und ruhte mich aus. Als die Symptome nach einigen Tagen nicht besser wurden, begann ich mir Sorgen zu machen und teilte diese meiner Vermieterin mit. Sie reagierte mit einem forschen: „Du musst Dich untersuchen lassen". Sie hatte einige medizinische Kurse absolviert, weil sie einen Verwandten seit 10 Jahren pflegt und sich mit Notfällen jeglicher Art auskennt. „Wenn es noch immer nicht besser ist, müssen eventuelle Blutungen im Gehirn ausgeschlossen werden." Das machte mir Angst, und ich ließ mich in die örtliche Notaufnahme bringen. Nach zwei Stunden erhielt ich eine Diagnose und klare Anweisungen mit auf den Weg: mehrere Tage absolute Bettruhe und keinerlei Nutzung digitaler Geräte. Erneut war ich lahmgelegt, diesmal sogar zu absoluter Stille gezwungen. Freunde sendeten mir Grüße über Audiodateien, denn von Büchern und vom Bildschirm hatte die Ärztin mir ja dringend abgeraten. Ich lauschte also den Stimmen der mir vertrauten Menschen, und das eröffnete mir eine ganz neue Quelle der Verbundenheit. Als ich immer wieder hörte, wie sehr ich bedauert wurde, ist mir bewusst geworden, was Leiden bedeutet. Ich fragte mich, ob ich litt? Meine Antwort war klar: nein, ich litt nicht, obwohl es unangenehm war. Ich war gut aufgehoben und nahm die Situation als Gelegenheit, um mich in Akzeptanz zu üben. Es wurde zu einer intensiven Selbsterfahrung: ich war zwar allein, aber nicht einsam. Wieder lag ich im Liegestuhl, hörte Musik machte Atemübungen, tauchte ein in innere Welten und genoss auf eine neue Weise mein Dasein. Eine Umdeutung meiner Situation brachte mich sogar zum Schmunzeln: Manch einer begibt sich zur Einkehr in die Berge und bucht für viel Geld einen Retreat. Ich habe die Einkehr dieser Art zwar nicht gebucht, doch das Leben hat mich auf deutliche Weise dazu „eingeladen". Eine Woche später als ursprünglich geplant trat ich die Rückreise an. Aufgrund meines noch immer recht fragilen Zustandes fuhr ich in kleinen Etappen.

Eine Übernachtungstation war bei Ralf, der eine interessante Melange aus Genussfreude und Kämpfernatur in sich vereinigt. Er empfing mich in seiner großen Wohnküche mit einem leckeren Essen. Trotz meiner Rekonvaleszenz wurde es ein langer und fröhlicher Abend. Ich erzählte, was mir alles widerfahren war, und weil Ralf ein zugewandter und aufmerksamer Zuhörer ist, erzählte ich sehr ausführlich, mit manchen assoziativen Schlaufen und manches auch doppelt, wie es so meine Eigenart ist. Den Schlussakkord nicht nur dieses Frühlingsabends, sondern meiner ganzen Reise im Frühjahr bildete sein Kommentar: "Doris, Du bist eine Frohnatur". Damit machte Ralf mir bewusst, dass *Doris delight* mehr als ein vergnügliches Wortspiel ist. Es ist Ausdruck meiner Frohnatur. Sie trägt mich durch unangenehme und ungewollte Erfahrungen des Lebens. Eben noch war ich fröhlich und aufgedreht, nach seinen Worten wurde ich still und schaute mich um: ich saß auf der Terrasse bei Ralf, auf dem Tisch standen noch die Teller vom Dessert und leere Espressotassen. Die Luft war an diesem Maiabend mild. Drei Katzen aus der Nachbarschaft kamen zu Besuch und strichen um meine Beine herum. Ihr Schnurren verschaffte mir ein behagliches Gefühl. Dieser Abend war meine *jetzige* Realität. Die Erinnerungen waren meine *damalige* Realität. Sie sind nun Geschichte geworden, doch erst im Erzählen wurden sie zu *meinen* Geschichten. Mein Inneres blieb fröhlich, trotz unerfreulicher Erlebnisse, die mir widerfuhren. Dieser Abend im Mai wird immer mit der Erkenntnis meines Frohsinns verbunden sein. Er verwandelt Begebenheiten, die schwer erträglich sein könnten zu Erfahrungen, die mit meiner Frohnatur zwar nicht leichter werden, aber leichter zu tragen sind. Trotz später Stunde bündelte ich meine Erkenntnis in einem Wortspiel: *Meine Frohnatur macht mich liebenswert, aber vor allem macht sie mein Leben liebenswert.*

Nachlese: *Emmi ist mit Lächeln beschäftigt*
Es hat lange gedauert, bis ich erkannt habe, das mein unwillkürliches Lächeln Ausdruck meiner Frohnatur ist. Manchmal fragte ich mich, wie es sich wohl anfühlen mag, wenn mein Naturell, also meine Frohnatur, schon in jungen Jahren erkannt worden wäre? Die Antwort „lief" mir eines Frühlingstages im März über den Weg:
Ich befand mich in einem zähen Entscheidungsprozess, und die Klarheit wollte sich nicht einstellen. Also ging ich zum Spazieren in den Park. Im realen wie im übertragenen Sinne brauchte ich „frische Luft". Es war mild und die Sonne schien. Eine heitere Stimmung lag in der Luft. Offensichtlich hatten

andere Menschen dieselbe Idee wie ich und erfreuten sich an der erblühenden Natur. Während ich meine Runden durch den lieblichen kleinen Park drehte, blieb ich an einem Rasenstück stehen, denn ich wollte einer Kindergruppe beim Spielen zuschauen. Sie spielten eines dieser Spiele, an die ich mich aus meiner Kindergartenzeit erinnere. Eine Frau erklärte ihnen die Regeln. Ihre Art war so liebevoll und warmherzig und damit so zauberhaft, dass ich zu gern eines von diesen Kindern gewesen wäre. Ich tauchte ein in die Fröhlichkeit und Verspieltheit dieser Szene. Doch auf einmal schien das Spiel unterbrochen zu sein, und ich tauchte wieder auf aus der Versunkenheit meiner Erinnerungen. Was war los?

Die Kinder bildeten aus zwei Reihen ein Spalier, jeweils ein Kind hatte ein anderes Kind aus der gegenüberliegenden Reihe zum Partner. Beide tauschten ihren Platz in einer bestimmten Reihenfolge. Das Spiel stockte, weil ein Mädchen nicht losging. Mehrere Kinder riefen seinen Namen, es heißt Emmi. Doch Emmi reagierte nicht. Sie blieb einfach lächelnd an ihrem Platz stehen, so dass ich erkennen konnte, wer Emmi ist. Die anderen Kinder riefen ihr zu und feuerten sie an loszugehen. Doch Emmi folgte ihnen nicht. Die Spielleiterin dieser Gruppe hatte es mir schon zuvor angetan durch ihre liebenswürdige Art, mit den Kindern umzugehen und ihnen geduldig und immer wieder die Spielregeln zu erklären. Nun hörte ich sie, wie sie mit einem einfachen Satz Emmis sonniges Naturell scheinen liess und gleichzeitig den anderen Kindern, die Emmi so drängten, eine Lebensweisheit schenkte. Und ganz nebenbei erinnerte sie mich, die ich mich in den letzten Tagen selbst so unter Druck gesetzt hatte, an mein eigenes Naturell: *„Emmi ist mit Lächeln beschäftigt".*

Ein edles Feedback oder:

Aquamarin

In meinem Badezimmer liegt ein Stück Seife, das wie ein Miniatur-Eisberg anmutet, es erstrahlt in aquamarinblau, ist wunderschön und darum noch unbenutzt. Ich wusste nicht, dass es Seifen gibt, die in den Farben von Edelsteinen strahlen, sondern teilweise auch aus ihnen bestehen, bis mir eine solche zu meinem Geburtstag geschenkt wurde: von einer Freundin, die direkt aus Sizilien zu mir zu Besuch kam und mir dieses Geschenk mitbrachte. Kurz zuvor hatte sie dort ihren eigenen Geburtstag nachgefeiert. Sie ist ebenso wie ich im Zeichen der Zwillinge geboren. Nicht nur darum bezeichnen wir uns als Zwillingsschwestern, sondern auch, weil wir einander ähneln in unserer Sehnsucht und unserem Drang nach Freiheit. Sie übt einen künstlerischen Beruf aus und ist darin geübt, Schönheit auch im Verborgenen zu finden. So entdeckte sie versteckt in einem Altstadtviertel eine kleine Manufaktur, die diese aus Edelstein produzierte Seifen herstellt. Aus der Vielfalt des Angebotes wählte sie ganz bewusst für mich dieses große Stück Seife in der Form eines Berges und der Farbe des Aquamarins aus. Als ich das Geschenk auspackte, strahlte ich, denn ich finde darin sowohl meine besondere Beziehung zu den Bergen als auch zu Edelsteinen, insbesondere dem Aquamarin. Meine Vorliebe zu Steinen war ihr bekannt. Dass der Aquamarin mein Lieblingsstein ist, wusste sie nicht, überraschte sie aber auch nicht.

Ihr Kommentar zu diesem strahlenden Stück Seife war mir ein weiteres Geschenk, das nicht erst ausgepackt zu werden brauchte: „Weil du genauso bist, so strahlend". Nachdem ich tief durchgeatmet hatte, und meine Rückfrage „wirklich?" von ihr unkommentiert blieb, fragte sie mich, warum ich mich selbst nicht dem Aquamarin zugeordnet hatte. Diesmal blieb meine Antwort aus. Aber die Frage in mir blieb: warum nicht?

Während sie sich frischmachte, begab ich mich auf eine gedankliche Exkursion über die Beschaffenheit des Gehirns und Selbsterkenntnis: Das, was wir an anderen Menschen sehen, können wir an uns selbst *nicht sehen*. Wir können uns selbst von innen lediglich *empfinden*. Unser Sehsinn ist nach außen gerichtet, das ist bekannt und trivial. Dennoch sprechen wir vom „inneren Sehen". Diese Metapher ist hilfreich, weil das Fachwort dafür sich nicht so gut eignet für den Alltag: Propriozeption. Sie ist unser Sinn für uns selbst, wird auch als der „sechste Sinn" bezeichnet und ermöglicht uns unsere Eigenempfindungen im Raum. Erst seitdem ich von diesem schwierig auszusprechenden Wort gehört habe, unterscheide ich die Wahrnehmungen über meine fünf Sinnesorgane von den Empfindungen meines inneren Sinns. Sie sind immer da, doch ich kann sie nur wahrnehmen, wenn ich sie mir bewusst mache, indem ich mich nach innen ausrichte. Für diesen Blick nach innen gibt es viele Methoden, und ich habe einige ausprobiert. Manche lagen mir nicht oder passten nicht zu mir und brachten mir darum auch keine Empfindungen. Doch ich habe solange weitergesucht, bis ich eine Praxis fand, die mich faszinierte und Methoden entdeckte, die mir beim Üben Vergnügen bereitete.

Wie bei allem, was wir kontinuierliche üben, stellt sich nach einer gewissen Zeit eine Automatisierung ein. Sie ermöglicht mir, von den äußeren fünf Sinnen auf diesen inneren sechsten Sinn relativ zügig umschalten zu können. Fühle ich mich unter Druck oder tragen mich negative Zukunftsgedanken aus der Gegenwart fort, finde ich über das Wechseln meiner Sinne nach innen „zu mir" zurück. Wann immer ich mit mir selbst *im Lot bin*, empfinde ich mittels meines inneren Sinns ein prickelndes Pulsieren. Wenn ich dann überraschend und ungefragt Wahrnehmungen anderer über mich erhalte, die mit meiner Empfindung übereinstimmen, bestätigen diese mir meine Eigenwahrnehmung. Anhand meiner Wahrnehmungen erkenne ich das *Wie* meines Seins in der Welt. Das Geschenk darin liegt auch in den Worten oder Bildern, mit denen andere ihre Wahrnehmungen von mir beschreiben. Das Wort „Strahlen" habe ich schon häufiger im Zusammenhang mit mir gehört. Da ich es selbst nicht sehen kann, auch nicht, wenn ich in den Spiegel schaue, kann ich mein Strahlen nun über den Aquamarin erkennen.

Während ich noch versunken diesen Erkenntnissen nachging, kam meine „Zwillingsschwester" aus dem Bad und begann zu recherchieren. Sie ist neugierig und wissbegierig, auch darin sind wir einander ähnlich. Sie las mir vor, was sie über den Aquamarin im Netz gefunden hatte. Ich setzte mich hin, schloss meine Augen und hörte ihr zu: *„Der Aquamarin zählt zu den wichtigsten Heilsteinen. Einer Legende nach stammt er aus der Schatzkiste einer Meerjungfrau. Dadurch leitet sich sein Name ab, welcher übersetzt „Meerwasser" heißt. Die Araber verehrten ihn als Stein der Freude. In Griechenland wurde er als Symbol von Liebe, Reinheit und Glück angesehen. Er* *symbolisiert Frieden und beschert geistiges Wachstum. Neben Weitblick und Besonnenheit spendet er auch Ausdauer sowie Durchhaltevermögen. Da der Aquamarin auch die Intuition stärkt und Gelassenheit bringt, können auf diese Weise neue Möglichkeiten erkannt und zielstrebig eingebracht werden".*

Wir staunten und freuten uns über die Beschreibungen. Als ich diese gerade mit mir und meinem Erleben meiner selbst abgleiche, vernehme ich einen Nachsatz: „*Der Aquamarin ist ein wichtiger Nebenstein für das Sternzeichen Zwilling, denn er beschert ihm innere Harmonie und ein Gefühl grenzenloser Freiheit.*"

Dieses schöne Geschenk zu meinem Geburtstag und meine Liebhaberei für schöne Worte veranlassten mich zu einem Wortspiel: *Das Edelste im Sein zeigt sich im Edelstein.*

Mein Wesen

Wie verbinde ich mich mit der Welt?

Freude für die Sinne oder:
Superlative

„Das ist das beste Menü, das ich je gegessen habe", sage ich zu Harald, während ich das Dessert genieße. Kurz zuvor erzählte er, wie er seit Wochenbeginn mit Einkäufen, Vorbereitungen und Zubereitungen beschäftigt war, um diese acht Gänge zu kreieren, die wir zu viert an einem Freitagabend im März serviert bekommen. Harald freut sich über mein Kompliment, er weiß auch um seine Kochkünste, doch er lehnt den Superlativ darin ab. Da ich nur eines zur selben Zeit kann, genießen oder denken, lasse ich das Denken beiseite und koste die letzten Happen des letzten Ganges buchstäblich aus. Und obwohl ich gesättigt und angenehm schläfrig bin vom Genießen seiner selbstgemachten Köstlichkeiten, greife ich seinen Kommentar auf und frage ihn, was ihn am Superlativ störe. Eigentlich erahne ich seine Antwort, oder korrekter, ich glaube, seine Antwort zu kennen, weil ich meine eigene Antwort kenne. Doch will ich meine Antwort nicht auf ihn projizieren, sondern interessiere mich für seine.
Haralds Antwort macht nur Sinn, wenn man sie in einen Kontext stellt, wenn man also ein bisschen über ihn Bescheid weiß: Harald hat sich nicht nur seit Jahren in der Kunst des Kochens geschult und geübt, sondern auch im Klavierspiel. Er teilt seine beiden Leidenschaften, indem er ab und zu Gäste in kleiner Runde zu einem mehrgängigen Menü und ab und zu

Gäste in größerer Runde zu einem Hauskonzert einlädt. Das macht er, weil es ihm Freude bereitet. Und ich erkenne seine Freude daran, weil sie sich auf mich überträgt. Seine Antwort überrascht mich also nicht nur nicht, sondern sie entspricht dem, was ich vermutet hatte: es geht ihm nicht darum, beklatscht und bewertet und schon gar nicht mit Superlativen versehen zu werden. Die Bewertung dessen, was er tut, will er nicht von mir als Gast hören. Er bekocht mich gern, sagt er, weil ich so gut zu genießen, sein Engagement zu würdigen und sein Können zu schätzen in der Lage sei. Wenn er zu seinen Hauskonzerten einlädt, wünscht er sich Gäste, die in den Hörgenuss eintauchen und eine gute Zeit bei und mit ihm verbringen, und keine Musikkritiker. Er genießt es, für andere zu kochen und zu musizieren. Er will darin nicht bewertet werden, weil er seine eigenen Fähigkeiten selbst zu bewerten weiß. Seine Selbstkritik lässt ihn weiter lernen. Darum nimmt er eine Bewertung und eine Kritik bewusst von seinem Klavierlehrer an und auch von seinen Freunden, mit denen er sich regelmäßig zu gemeinsamen Kochwochenenden trifft. Sie kritisieren einander differenziert und mit deutlichen Worten. Alle sind sich einig, weiter lernen zu wollen, so dass sie mit den Hinweisen der anderen ihre Kenntnisse und Künste ausbauen können. Während ich Harald zuhöre, realisiere ich, dass mein Kompliment absolut konträr zu meinem Wesen geraten war: ich bin ein sehr sinnlicher Mensch. Das konnte ich erst erkennen, als ich mir in meinem Leben eine recht stabile Grundlage aufgebaut hatte. Erst da wurde der Raum in mir frei, den ich meinen *Resonanzraum* nenne. Diesen inneren Raum suche ich mittlerweile häufig auf. In ihm fühlt sich mein Leben intensiv und wahrhaftig, vital und reich an.

Ich bin eine Genießerin. Ich genieße milde Herbstluft ebenso wie Vivaldis *Vier Jahreszeiten* oder den Schokoladenkuchen, den mir der Bruder der Vermieterin meiner Schreibklause regelmäßig als Willkommensgeschenk backt. Wenn ich erneut bewusst atme und die Herbstluft in mich aufnehme, vergleiche ich diesen Atemzug nicht mit dem vorangegangenen. Auch wenn die *Vier Jahreszeiten* von verschiedenen Dirigenten eingespielt werden, vergleiche ich diese nicht miteinander. Ich lasse mich auf die Empfindungen ein, die die Musik in mir auslöst. Bei jeder erneuten Ankunft in meiner Schreibklause lasse ich Konsistenz und Geschmack des Schokokuchens in meinem Mund zergehen. Es ist jedes Mal ein einzigartiger Genuss. Eine genussreiche Erfahrung zu bewerten ist ein Widerspruch in sich selbst, denn jeder Genuss ist einzigartig und passt nicht zu den Bewertungskategorien *gut/schlecht*, zu Komparativen oder gar Superlativen. Jeder Genuss findet in seinem jeweils aktuellen Moment statt und verdient deshalb auch, als solcher im Hier und Jetzt erfahren zu werden. Ein Vergleich hat in solcher Erfahrung nicht nur nichts zu suchen, er verhindert nachgerade das Erfahren im Hier und Jetzt. Wenn ich während einer Mahlzeit das Essen bewerte, verlasse ich den sinnlichen Modus in mir und schalte um in einen betrachtenden, bewertenden und differenzierenden Modus meiner Wahrnehmungen. Dieser Modus verhindert aber jeden Genuss, weil er für Aufgaben gebraucht wird, bei denen Eindeutigkeit und Präzision verlangt wird: um Preise zu vergleichen, um Zahlen in ein Verhältnis zu setzen, um eine Reiseroute mit einer anderen zu vergleichen oder beim Kuchenbacken die Mengenverhältnisse abzuwiegen.

Wenn man wie ich „nach Gefühl" backt, bleibt dieser rationale Modus weitestgehend außen vor, so dass mir auch das Kuchenbacken selbst einen sinnlichen Genuss beschert. Für das Ergebnis ist das „Backen nach Gefühl" risikobehaftet, denn es kann sein, dass es nicht immer genau so wird wie beim letzten Mal. Nur ein Kuchen, der von einem Könner „nach Gefühl" gebacken wurde, schmeckt immer. Lediglich beim Einüben von etwas Neuem oder im Versuchsstadium eines neuen Rezeptes brauchen auch Könner ihren kritischen und bewertenden Verstand. Er wird immer dann gebraucht, wenn es beim Kreieren von etwas Neuem darum geht, die Qualität einzuschätzen, also zu bewerten.

Genießen ist zwar ein aufnehmender Modus, doch es ist auch eine Aktivität, weil das Bewusstsein aktiv mit dabei ist. Das Bewusstsein ist die Instanz in uns, die den zunächst meist unbewussten Aspekt einer Wahrnehmung in einen bewussten Akt wandelt. Die Aktivität des Bewusstseins lässt sich mit bildgebenden Verfahren sichtbar machen. Sie demonstriert hohe Erregungspotentiale an mehreren Orten im Gehirn. Sie demonstrieren die Verortung und das Ausmaß der Aktivität im Gehirn. Je mehr Gehirnregionen beteiligt sind, desto ganzheitlicher ist die Gehirnaktivität. Ganzheitlichkeit ist ein anderes Wort für das Ausmaß vernetzter Gehirnaktivität. Je komplexer der Vernetzungsgrad, desto weniger greift Sprache, um das innere Erleben mit Worten zu beschreiben. Poesie und Metaphern, also Symbolsprache, schaffen die Brücke zwischen Erfahrung und Ausdruck. Sich beim Genießen mit Worten oder nonverbal mitzuteilen, bereichert sogar den Genuss, weil es die Vernetzungsintensität nochmals erhöht. Die bewussten Wahrnehmung auszudrücken, will jedoch gekonnt sein. Wie formuliere ich, was in mir passiert, während ich den Klängen der H-Moll Messe von Johann Sebastian Bach lausche? Wie beschreibe ich, was das Halbgefrorene, das Harald uns in seinem achten Gang kredenzt, an meinem Gaumen mit mir macht? Es braucht auch etwas Mut, mich damit zu zeigen, denn genießen kann ich nur, wenn ich mich dem hingebe, was ich gerade mit all meinen Sinnen aufnehme. Wenn ich das, was mir mein Körper dann als Resonanz schenkt, durch einen Filter oder Zensor passieren lasse, kommt nur ein Abklatsch dessen heraus, was wirklich in mir ist. Dabei verhindere ich in mir pures Erleben, und verwehre dem Koch die Bestätigung. Mit meiner Resonanz gebe ich dem Koch mehr zurück als es ein Dank ausdrücken kann. Wem es zu peinlich ist, sich in seinem Erleben zu zeigen, nimmt sich selbst und dem anderen das, was man „Leben" nennt. Denn Leben ist *Erleben*. Ein schönes Leben bedeutet für mich, sinnlich zu leben. So auch jetzt, beim Schreiben des Textes: *ich höre die Kastanienblätter im leichten Wind rauschen, ich rieche den Knoblauchgeruch, der aus der Küche des Restaurants im Erdgeschoss nach oben in meine Dachgeschosswohnung dringt. Ich höre die Geräusche der Tastatur meines Laptops.* Ich mag das gern hören. Ich weiß nicht, warum ich es mag. Es gibt keinen Grund. Es lässt etwas in meinem Gehirn hüpfen, so als würden Seifenblasen durch die Luft schweben. Ich mag auch das Zusammenspiel meiner Finger, die dieses Geräusch auf den Tasten bewirken. Es ist ähnlich wie beim Klavierspielen: ich höre die Melodie, während meine Finger die Tasten berühren und über sie gleiten. Ich genieße das Tun. Kürzlich fand ich eine Postkarte mit dem Satz: *All good things are wild and free. Wild* bedeutet für mich natürlich und ausgelassen sein. *Frei* bedeutet für mich, *spontan* und *ausdrucksfähig* sein. Beide sind nicht gebunden an Bezahlung. Genuss ist also auch nicht an Geld gebunden. Armut hingegen verhindert Genuss. Wenn wir in einer Gesellschaft Armut zulassen, lassen wir, die wir ohne Geldsorgen leben dürfen, zu, dass Menschen um uns herum um Sorge sind. Wer täglich für sein Überleben sorgen muss, kann sich nicht dem Modus des Genießens hingeben. Also lassen wir zu, dass Menschen, die in Armut leben, vom Leben, das sinnliches Erleben bedeutet, abgeschnitten sind. Doch auch manch ein Mensch, der mehr als ausreichend Geld zur Verfügung hat, kann ebenso vom Leben, dem sinnlichen Erleben abgeschnitten sein, wenn er nicht die Gegenwart geniessen kann. Wenn ich mit meiner Sinnlichkeit verbunden bin, bin ich automatisch in der Gegenwärtigkeit. Wenn ich in den Bewertungsmodus wechsle, kann ich Unterscheidungen treffen, dafür muss ich mich allerdings von meinem sinnlichen Erleben entfernen.

Dieses „Abendmahl" bei Harald, so nenne ich es inzwischen, wird mir immer in Erinnerung bleiben, weil ich an diesem Abend den Unterschied zwischen kognitivem Bewerten und sinnlichem Erfahren bewusst erkannt und erfasst habe. Als Genießerin nehme ich alles Schöne und Sinnliche in mich auf und tauche in mein Erleben ein. Genuss zu *beschreiben* bedeutet, die Qualität meiner Erfahrung in Worte gießen zu können. Etwas zu *bewerten,* bedeutet, es zu differenzieren und zu quantifizieren. Um etwas bewerten zu können, muss ich mich von der Erfahrung *abtrennen.* Jede sinnliche Erfahrung *verbindet* mich mit der Welt. Diese Verbundenheit fühlt sich wie Magie an. Wenn Menschen sich in ihrem sinnlichen Erleben treffen, wie bei einer erotischen Begegnung, genügt vollkommen, sich in der Magie des Momentes zu begegnen und diesen zu teilen. Magie lässt sich mit Worten manchmal nicht ausdrücken, doch sie ist über das Prinzip der Harmonie erfahrbar. Alle Personen gemeinsam in einem Raum, zum Beispiel in einem Konzert- oder einem Tanzraum, begegnen sich in ihrer gemeinsamen Erfahrung. Aus individuellem Genuss wird eine kollektive Erfahrung.

Der Abend bei Harald war einzigartig. Von Harald fühlte ich mich reich beschenkt. Doch es ist *meine* Sinnlichkeit, die mich reich fühlen lässt. Das habe ich durch meine genießerischen Laute bei jedem der sieben vorangegangenen Gänge deutlich vernehmbar gemacht und Harald hat sie alle registriert. Mit meiner Äußerung des Superlativs beim achten Gang wollte ich zum Ausdruck bringen: das Essen war köstlich, und es war ein kostbarer Abend.

Ein seltenes Fundstück oder:
Simmentaler

„Emmentaler?" fragte ich nach. „Nein, Simmentaler", war die
Antwort. Das sei eine Rinderrasse, die es nur noch selten gebe.
Ein Bauer, der in einem Alter zu sein scheint, in dem die
meisten Menschen ihren Ruhestand genießen, erzählte mir
dies. Wir standen auf einem schmalen Pfad, einem Höhenweg,
der von der nachmittäglichen Herbstsonne in goldenes Licht
getaucht wurde. Ich war an einem Sonntagnachmittag in
meinem Lieblingstal spazieren gegangen und stand vor einer
Kuh mit ihrem rehbraunen Fell, weswegen ihr der Name *Reh*
gegeben wurde. Reh steht also mitten auf dem Weg und
nimmt diesen mit ihrer Körperfülle vollständig ein. Um an ihr
vorbeizukommen, müsste sie sich entweder drehen oder ich
mich knapp an ihr vorbeischlängeln. Etwas unschlüssig bleibe
ich eine Weile stehen und schaue mir dieses schöne Tier
genauer an. Sie vermittelt einen friedlichen Eindruck, wie sie
da so steht und wiederkäut. Auch sie schaut mich an, doch ich
kann nicht einschätzen, ob ich einfach so an ihr vorbeigehen
kann, ohne dass sie mich, weil es ihrer Natur entspräche, in
Richtung Hang schieben würde. Dieser ist so steil, dass ich ihn
schon als Abhang bezeichnen würde. Da höre ich den Bauern
mir zurufen, ich könne getrost an ihr vorbeigehen. Vorsichtig
und zügig zugleich zwänge ich mich an ihr vorbei, des Bauern
aufmunterndes Nicken im Blick. Nun stehen wir gemeinsam
auf derselben Seite neben der schönen Kuh mit dem schönen

Namen und schauen ihrem Kalb beim Fressen zu. Mir erscheint dies als ein ganz alltägliches Bild, doch dann erfahre ich, so gut ich ihn verstehen kann in seiner Südtiroler Sprache, dass er dabei sei, den Kälbern beizubringen, Wasser aus einem Trog zu schlecken. Ich verstehe nicht recht und frage nach. Ja, sie seien gerade von der Alm gekommen und sollen jetzt das Saugen verlernen. Eigentlich, also wenn es nach ihrer Natur ginge, würden sie noch mehrere Monate weiter mit Nahrung aus dem Euter ihrer Mutter versorgt werden, aber das wird ihnen verwehrt, weil die Milch der Mutterkuh für die Menschen gebraucht wird. Zunächst meine ich, ihn nicht recht verstanden zu haben, aber der Bauer sieht nicht so aus, als sehe er seine Freude darin, mir als unwissender Städterin einen Bären aufzubinden. Ich schaue ihn interessiert an, und er erzählt mir von seinen Kühen und den Kälbern, wie alt sie seien, erfahre ihre Namen, und dann höre ich, wie diese Rasse heißt: *Simmentaler.* Ich staune über das, was er mir alles zu erzählen weiß. Meine Aufmerksamkeit scheint ihn einzuladen, mich weiter an seinem Wissen und seinen Erfahrungen teilhaben zu lassen. Dabei erfahre ich einiges über sein langes Leben auf seinem Hof. Ich vermute, er hat noch einiges zu tun, also bedanke ich mich für das, was ich von ihm lernen durfte, wünsche ihm noch einen schönen Sonntag und ziehe weiter. Meine Gedanken verweilen noch bei dem Gespräch und vor allem bei seinem Satz: „Wenn sie es nicht lernen, verhungern sie". Was für eine schauerliche Vorstellung, dass ein Kalb, dem die Milch seiner Mutter verwehrt wird, verhungern muss. Kälber sind nicht mit den Instinkten ausgestattet, *vor* ihrer natürlichen Reife zu wissen, dass und wie sie Wasser aus einem Trog schlecken können. Während ich diesen idyllischen

Höhenweg weiter gen Osten entlangwandere und die meinen Rücken wärmende Sonne genieße, gehen meine Assoziationen ebenso auf Wanderschaft. Das Wort *verhungern* lässt mich nicht los und bringt mich zu einer Zahl, die ich kürzlich im Radio vernahm. Sie erscheint mir monströs: alle 13 Sekunden verhungert ein Kind auf dieser Welt. Anders als die Kälber, von denen der Bergbauer mir erzählte, verhungern diese Kinder nicht, weil sie nicht gelernt haben, wie sie essen und trinken, sondern weil ihnen nicht genug zu essen und zu trinken zur Verfügung steht. Ich merke, wie eine Empörung in mir aufsteigt, dass dies viel zu selten in unser Bewusstsein gerückt wird, und wenn, dann als abstrakte Schilderung, so als handele es sich um einen unabänderlichen Sachverhalt. Während ich dies schreibe, sitze ich auf der Terrasse einer Berghütte und schaue ins Tal. Den Wäldern und Feldern ist anzusehen, dass es seit Wochen nicht geregnet hat. Die Trockenheit ist eine unabänderliche Tatsache. Die hier seit Generationen lebenden Menschen müssen lernen, damit umzugehen. Dazu bedarf es kurzfristiger Maßnahmen, um schnell auf das Unmittelbare zu reagieren. Für langfristige Lösungen braucht es eine völlig andere Herangehensweise, für die das menschliche Gehirn perfekt ausgestattet ist. Wenn ich historische Romane lese, wird mir immer wieder bewusst, auf welch schmalem Pfad wir als Menschheit insgesamt unterwegs waren. Zu allen Zeiten haben wir als Einzelwesen in der Gemeinschaft nur überlebt, weil wir um unsere Abhängigkeit voneinander wussten. Abhängigkeit ist ein Wort, das sich für viele nicht gut anfühlt. Es kann sich aber unter bestimmten Voraussetzungen wohlig anfühlen, nämlich dann, wenn sie auf wechselseitiger Wertschätzung beruht.

Wertschätzung ist ein inflationär verwendetes Wort und wird meist falsch verstanden, obwohl das Wort sich von selbst erklärt: ich schätze in allen Lebewesen ihren Wert, und zwar jenseits *meiner* Bewertung. So begegne ich jedem Wesen auf dieser Welt, ohne mich selbst damit *über* ein Wesen zu stellen oder mich *klein*zumachen. Wenn Wertschätzung beinhaltet, dass jedes Wesen hier auf der Erde seinen Wert in sich selbst trägt, bedeutet dies auch, dass niemand über die Macht verfügt, anderen diesen Wert abzusprechen oder zuzuteilen.

Wenn mir durch Erbschaft, Erwerbsarbeit oder Ehe reichlich Besitz zu eigen ist, obliegt es mir als Eigentümerin eines Tieres, einer Herde, eines Feldes oder eines Waldes eine besondere Verantwortung, weil alle diese Lebewesen in meiner Obhut stehen und von mir abhängig sind. An diese selbstverständliche Verantwortung hat mich der Bergbauer mit seinen scheinbar schlichten Schilderungen erinnert: in einer Gemeinschaft, die auf Wertschätzung beruht, existieren automatisch auch Vertrauen, Verbundenheit und Sicherheit. Wertschätzung ist meine Wesensart, mit der ich mich mit *allem* in der Welt bewertungsfrei verbinde. Ich mache keine Ausnahme, ich stelle auch keine Bedingungen. Werde ich unmittelbar bedroht, ignoriert oder erfahre ich subtile oder offene Formen physischer oder emotionaler Gewalt, dann halte ich mich fern, schütze oder wehre ich mich. Erst mit dem Begriff Wertschätzung konnte ich sowohl deutlich als auch eindeutig unterscheiden, wenn diese fehlt. Die Empfindung transportiert sich über mein Nervensystem. Ich empfinde sie auch jenseits von Worten. Um sie von Geringschätzung zu unterscheiden, höre ich nicht nur auf den Inhalt von Worten, sondern achte auf meine innere Empfindung.

Weil Wertschätzung meine Wesensart ist, verstehe ich, warum sich andere Wesen in meiner Nähe automatisch wohl fühlen oder sich mir anvertrauen. Unbewusst fühlen sie meine Wertschätzung. Wenn unsere Verbindung zur Welt, also zu allen Wesen, intakt ist, benötigen wir keine Aufforderung, Appelle oder Ermahnungen.

Diese Verbindung zur Welt verkümmert oder geht verloren, wenn jemand zu viele Erfahrungen von Vernachlässigung in sich trägt. Wenn Menschen sich selbst nicht wertschätzen, können sie andere Menschen ebenso wenig wertschätzen. Aus dieser Perspektive betrachtet, leben viele Menschen in diesem Teil der Erde zwar in einem Wohlstand, der Nahrung bis zum Überfluss mit sich bringt. In Bezug auf Wertschätzung scheint es aber viele Menschen zu geben, die diesbezüglich arm sind oder verhungern. Bei meiner Wanderung über die sonnigen Pfade mit ihren fantastischen Ausblicken wird mir bewusst, wie viele Menschen in dieser scheinbar entwickelten Welt Entwertung erfahren haben. Mit dieser Einsicht wandelt sich meine Empörung über die Gleichgültigkeit in Mitgefühl. Wie zur Bestätigung erzählt mir kurz darauf meine Friseurin ein Erlebnis, das ihr die Tränen in die Augen treibt: Sie war mit ihrem Hund frühmorgens im Stadtpark spazieren und hatte dort einen Mann gesehen, der offensichtlich die Nacht draußen verbracht hatte. Er lag im Sand des Spielplatzes in seinem Erbrochenen. Für die herbstlichen Temperaturen war er jedoch nicht warm genug angezogen. Sie versuchte, mit ihm Kontakt aufzunehmen, um festzustellen, ob er Hilfe bräuchte und sie den Krankenwagen rufen sollte. Während sie sich also um den Mann kümmerte, streunte ihr Hund weiter. Sie schaute in seine Richtung und sah eine Ansammlung von

Menschen, die sich um ihren Hund kümmerten. Sie rief ihren Hund zu sich, und da sahen die Menschen, dass er nicht unbegleitet war. Sie versuchte auch, andere Menschen zu sich zu winken, damit sie sich gemeinsam hätten beraten können, was mit dem Mann zu tun sei. Doch niemand kam. Sie war erschüttert, dass ein scheinbar unbegleiteter Hund sofort wahrgenommen wurde, während gleichzeitig ein Mensch in seinem erbärmlichen Zustand übersehen wird.

Ich fragte mich, wo wäre ich selbst in dieser Szene gewesen? Passend zu meiner Frage erzählte mir kürzlich eine Kollegin von einem psychologischen Experiment: es spielte sich ab in einem theologischen Seminar mit Priesteranwärtern. Dort wurde über die Geschichte des barmherzigen Samariters gesprochen, die von einem Mann aus Samaria handelt. Die Samariter waren zu Zeiten Jesu Menschen von niedrigem sozialem Status. Ihnen wurden allerlei schlechte Eigenschaften zugeschrieben. Diese waren nicht real, sie wurden ihnen unterstellt. In diesem Gleichnis erzählt Jesus von einem Mann, der verletzt am Wegesrand lag, weil er ausgeraubt worden war. Alle gingen an ihm vorüber, niemand half ihm. Nur ein Mann aus Samaria nahm sich seiner an. Der Samariter half einem Menschen, der seiner Hilfe bedurfte. Diese Geschichte erzählte Jesus, als es um die Nächstenliebe ging und er gefragt wurde, wer denn „der Nächste" sei. Über dieses Gleichnis diskutierten die Priesteranwärter und reflektierten über die Nächstenliebe. Als sie den Seminarraum verließen, führte ihr Weg sie über den Campus an einem alkoholisierten Mann vorbei, der neben einer Bank lag. Es ging ihm offensichtlich nicht gut. Sämtliche Studenten der Theologie, die fünf Minuten zuvor über die Nächstenliebe gesprochen hatten und eine Predigt dazu verfassen sollten, gingen an diesem Mann vorüber. Niemand hielt an und fragte den Mann, ob er Hilfe benötige. Kaum einer wendete den Blick zu ihm. Die wenigsten bemerkten ihn überhaupt, und die, die ihn wahrnahmen, wendeten ihren Blick aktiv von ihm ab. Das Experiment veranschaulicht, dass unsere Einschätzung von uns meist falsch ist. Sie ist vielmehr Ausdruck davon, wer wir sein wollen.

Warum verhalten wir Menschen uns über die Jahrtausende hinweg immer wieder ähnlich? Wenn ich den Bauer fragte, er könnte mir gewiss eine Antwort geben. Er weiß, dass es zur menschlichen Natur gehört, fühlende und mitfühlende Wesen zu sein. Das ist strukturell in uns angelegt. Und er weiß, dass wir als Einzelne nur in Abhängigkeit mit anderen Menschen überleben, physisch wie psychisch. Er weiß, wie es gelingt, dass isch diese Abhängigkeit angenehm anfühlt. Er ist auf eine einfache und wortlose Weise wertschätzend. Die *Simmentaler* spüren das. Sie sind eine selten gewordene Rinderrasse in den Alpen, die nur deswegen überleben, weil einige Bauern Wert darauf legen, dass nicht nur das einzelne Kalb, sondern dass die gesamte Gemeinschaft der *Simmentaler* überlebt. Durch diese Begegnung mit dem Bergbauern wurde mir bewusst, dass er sein Leben im Einklang mit sich und in seiner Welt lebt, ohne viel darüber zu reflektieren. Er wurde in dieser Gegend geboren, übernahm den elterlichen Hof und führt ihn weiter, bis eines seiner Kinder ihn hoffentlich übernehmen wird. Er erzählte viel von sich und seinem Leben, ich habe leider nicht alles verstehen können, doch ich erinnere mich dieser Begegnung als eines besonderen Moments. Denn wir haben uns jenseits von Lebensweisen und Worten verstanden und getroffen, weil wir einander offen begegnet sind.

Wertschätzung ist Ausdruck meiner Verbindung zur Welt. Sie lässt mich lächelnde, lebendige und lehrreiche Begegnungen erfahren. Menschen teilen sich mir gerne mit. Sie teilen ungefragt ihr Erfahrungswissen mit mir. Dieses Wissen, das ich von meist mir fremden Menschen lernen durfte, bleibt in mir und steht mir immer zur Verfügung, weil ich mich an die jeweilige Begegnung und den Ort erinnere. Vor allem erinnere ich mich an die Menschen, die sich mir in ihrer Einzigartigkeit offen und vertrauensvoll gezeigt haben, so dass ich ihre wahre Natur erleben durfte.

Fröhliches Framing oder:
Kuriositäten mit Kim und Co.

Ich bin müde, auch ein Mittagsschlaf verschafft keine Abhilfe. Immer wieder greife ich zu einem Buch, in dem es um die Verbindung des Menschen mit der Natur geht. Es liest sich zwar interessant, ist aber doch recht abstrakt geschrieben, zudem zuckt mein rechtes Augenlid, und das nimmt mir den Lesegenuss. Ich lege das Buch beiseite und schaue mich im Zimmer um. Meine Blicke sind nach außen gerichtet, doch sobald ich es mir auf dem Sofa gemütlich mache und die Augen schließe, vernehme ich meine innere Stimme, die mir zuweilen ganz praktische Empfehlungen gibt. Sie gelangen in einer Art lautlosen Flüstertons zu mir, den ich allerdings manchmal auch überhöre. Heute höre ich sie deutlich: „geh zur Kapelle". Etwas widerwillig ziehe ich meine Wanderschuhe und die Regenjacke an. Draußen angekommen bin ich froh, mich aufgerafft zu haben. Das Augenzucken stört mich nicht mehr, denn ich schaue zwar konzentriert nach unten, um nicht auf den Steinen des schmalen Pfades auszurutschen, die regennass und glitschig sind, doch diese Art des Schauens ist sowohl für meine Augen als auch für mein Gehirn eine willkommene Abwechslung und damit eine Erholung. In der kleinen Kapelle angekommen, suche ich mir eine Bank aus. Die vier Bankreihen stehen eng aneinander, als wäre das Gestühl nicht für langes Sitzen gebaut, oder aber für Menschen, die sehr viel kleiner sind als ich.

Irgendwie gelingt es mir, eine Sitzposition zu finden, die nicht allzu unbequem ist. Ich schließe die Augen und nehme die Atmosphäre um mich herum in mir auf. Die Temperatur in diesem kleinen Raum ist mild und kühl zugleich. Er duftet nach Geborgenheit, und die Stille des kleinen Raumes umhüllt mich. Eine Weile sitze ich dort, diverse Gedanken beschäftigen meinen Geist, und ich lasse sie laufen. In meinem Körper breitet sich allmählich ein Wohlgefühl aus. Ich fühle mich wieder „ganz". Als ich die Augen öffne und aufstehe, meinen Rucksack schultere und meinen Wanderstab in die Hand nehme, öffnet sich die Tür der Kapelle. Ein kleines Mädchen mit lockigem brünettem Haar, gefolgt von einer älteren Frau mit kurzen grauen Haaren, betreten den kleinen Raum. Das Mädchen scheint sich hier auszukennen, denn es stiefelt geradewegs auf den Altarbereich zu. Die Frau, ich nehme an, es ist ihre Oma, bleibt am Eingang der Kapelle stehen. Von dort höre ich, wie sie zu dem Mädchen mehrfach sagt: „Kim".

Eigentlich war ich lange genug in der Kapelle und wollte sie erlassen, doch die beiden wirken so vertraut miteinander, dass ich es genieße, ihnen noch eine kleine Weile zuzuschauen. Das Mädchen schaut eine ganze Weile in den Altarraum, dann dreht es sich um und blickt mich an mit ihren großen Augen. Ohne nachzudenken spreche ich die Kleine an: „Du heißt also Kim?" Eine kritische Seite in mir findet die Frage plump, aber nun ist sie raus. Das Mädchen schaut erst mich und dann ihre Oma an. Die Oma, die inzwischen neben dem Mädchen steht, nimmt das Mädchen auf den Arm und sagt: „Nein, das ist die Paula". Paula schaut mich noch immer an und versucht nun, ihren eigenen Namen selbst auszusprechen, doch sie ist wohl noch nicht in dem Alter, in dem sie das könnte. Sie zeigt auf die zahlreichen Figuren des Altars, und ihre Oma folgt ihren Gesten. Es wirkt alles sehr innig und vertraut. Ich bin nicht Teil dieser Szene, sondern Beobachterin, also schultere ich meinen Rucksack und lächle still in mich hinein. Ich hörte das Wort *Kimm*. Meine Hörnerven nahmen den Laut korrekt auf, und mein Gehirn erkannte darin den Namen *Kim*. In dieser Gegend bedeutet *Kimm* jedoch mundartlich *Komm*. Ich hörte zwar das Wort richtig, deutete es aber falsch. Paula kennt ihren Namen und kennt die Aufforderung „kimm!" Doch meine Frage verstand sie nicht, obwohl sie sie richtig hörte. Ob Paulas Oma verstand, dass dieser knappe Dialog auf meiner Fehlinterpretation basierte, weiß ich nicht. Ich verstand aber, dass mein Ohr, oder korrekter, meine Unkenntnis mir einen Streich spielte. Ich fand diese Szene so ulkig, dass ich beim Verlassen der Kapelle in ein Dauerlächeln verfiel. Den ganzen Rückweg schmunzelte ich, und wenn ich diesen Dialog in mir wiederholte, lachte ich immer wieder laut auf. „Kimm" nahm ich sowohl in meinen Wortschatz als auch in mein Archiv humoriger Erlebnisse auf. Jedes Mal, wenn ich nun den Namen Kim lese oder höre, was leider selten vorkommt, lache ich erneut in mich hinein. Jedes Mal, wenn Menschen hier aus dieser Gegend zu einem Kind oder einem Tier sagen: „Kimm", was sehr oft vorkommt, breitet sich ein breites Lächeln in meinem Gesicht aus. Als ich von meinem kleinen Ausflug zurückkomme und meine Vermieterin im Garten sehe, erzähle ich ihr diese Anekdote. Sie lacht genauso unvermittelt wie ich über dieses Missverständnis, über mich und über die Situation. Lachend, so dass ich sie kaum verstehen kann, sagt sie, sie werde diese Geschichte ihrer Familie beim Abendessen erzählen, und alle werden darüber lachen können. Sie hält sich fast den Bauch vor Lachen, weil sie daran denkt, wie auch Paulas Oma beim Abendessen diese Geschichte erzählen und so auch noch deren ganze Familie ihren Spaß haben wird. Doch da bin ich mir nicht so sicher: so wie Paulas Oma auf mich wirkte, scheint Humor nicht ihre Wesensart zu sein. Ich kann das nicht begründen, es ist mehr eine Intuition, also etwas, das ich weiß, ohne zu wissen, warum ich es weiß. Ebenso intuitiv erfasse ich Menschen, zu deren Wesensart Humor gehört. Mit ihnen ist es möglich, dass eine potentiell peinliche Situation sich in eine erheiternde wandelt, die dauerhaft als eine Anekdote im eigenen Humorarchiv landet und bei jeder Erinnerung zu erneutem ein Lachen führt.

So geschah es mir während einer Coachingsitzung mit einer Klientin. Mir gegenüber sitzt Frau Co. Sie erzählt von einer konfliktären Konstellation in ihrer Familie. Seit mehreren Monaten begleite ich sie durch ihren Prozess des Verstehens und Veränderns, nehme sie dabei metaphorisch an die Hand und gebe ihr Orientierung für ihr Innenleben. Zunehmend wird sie sich ihrer Gefühle bewusst und erkennt, warum sich ihre unangenehmen Gefühle nicht einfach „wegatmen" lassen. Ich mag ihre direkte und deutliche Ausdrucksweise, mit der sie manche psychologische Wahrheit auf den Punkt bringt. Schmunzelnd gesteht sie sich ein, dass ihre Teilnahme an diversen Entspannungstrainings ihr zwar angenehme Abende bescheren, ihr aber nicht nützen, wenn es um die Kontrolle ihrer Wut geht. Ich höre ihr auch deswegen sehr gern zu, weil sie eine emotional kluge Frau ist. Das spiegele ich ihr mehrfach zurück, sie tut sich allerdings schwer damit, meine Rückmeldungen anzunehmen, weil sie sich immer wieder mit anderen vergleicht. Frau Co. kam ins Coaching mit dem Ziel, souverän zu werden, und sich nicht mehr durch das Verhalten anderer Menschen aus ihrem inneren Gleichgewicht bringen zu lassen. Das passiert ihr immer dann, wenn sie meint, sich gegen die Unterstellungen anderer wehren zu müssen. Sie kann sehr anschaulich erzählen, und ich kann mich gut in die Situationen hineinversetzen, die sie beschreibt. Sie kann erheiternd erzählen, und wir lächeln gemeinsam über ihre wiederkehrenden, doch erfolglosen Versuche, eine verzwickte, weil ungerechte familiäre Beziehung lösen oder verbessern zu wollen. Heute erzählt sie mir von einer neuen Beobachtung über sich selbst, und ich freue mich für ihre Erkenntnis. Es ist morgens, so gegen halb zehn. Üblicherweise vermeide ich morgendliche Termine, weil sie nicht meinem Biorhythmus entsprechen. Abends bin ich geistig wacher, aber da Frau Co. in einem Beruf tätig ist, der ihr nur ermöglicht, zu dieser Uhrzeit zu mir zu kommen, mache ich bei ihr eine Ausnahme. Sie erzählt mir, wie sie ihr typisches Verhaltensmuster der „inneren Kämpferin" erneut beobachtet hat, als sie mit einer Freundin aneinandergeraten war. Ich höre ihr zu und kann mir lebhaft vorstellen, wie sich der rhetorische Schlagabtausch der beiden Frauen vollzogen hat, als ein unwillkürlicher Impuls in mir aufsteigt: ich muss gähnen. Er kommt so plötzlich, dass ich es gerade noch schaffe, ihn zu unterdrücken. Dabei presse ich die Lippen aufeinander und weiß gleichzeitig, dass mein Gähnen gar nicht unbemerkt bleiben kann. Während ich noch hoffe, dass es bei diesem einen Gähnen bleibt, höre ich Frau Co. sagen: „Sie können ruhig gehen". Ich bin überrascht. Wieso sollte ich gehen? Fragend schaue ich sie an, und eine Sekunde später stelle ich fest, dass ich mich verhört habe.

Sie spricht norddeutsch, so dass „ä" sich wie „e" angehört hat. „Sie können ruhig gähnen" war Ausdruck ihrer direkten Art. Sie weiß, dass ich in diesen Morgenstunden üblicherweise nicht coache, und nimmt mein Gähnen darum auch nicht als Grund dafür, dass ich gelangweilt sein könnte. Sie ahnt zunächst nicht, dass ich ihre Worte falsch gehört habe, aber als sie sieht, wie verdutzt ich aussehe, schaut sie mich ihrerseits fragend an. In der nächsten Sekunde habe ich zu meiner Geistesgegenwart zurückgefunden und kläre sie darüber auf, was ich gehört und verstanden habe.

Wir lachen noch ziemlich lange über dieses Missverständnis, und das Lachen macht mich wacher, als Kaffee es je könnte. Ich melde ihr mehrmals zurück, wie entspannt und erheiternd das Leben sein kann mit Menschen wie ihr, die durch mein Gähnen nicht gekränkt ist, sondern mich sogar noch einlädt, diesem freien Lauf zu lassen. Durch diese Begebenheit realisiert sie, warum sie mit manch anderen Menschen nicht entspannt zusammen sein kann: Es sind diejenigen Menschen, mit denen sie nicht lachen kann, weder über sich selbst, noch über andere, noch über das Leben mit seinen Kuriositäten. Ein humorvolles Wesen hingegen ermöglicht entspannte und echte Begegnungen. Ein wesentliches Merkmal von Humor ist es, Distanz zu sich selbst einnehmen zu können, sich selbst also nicht so ernst zu nehmen.

Mein Humor spiegelt also sowohl meine Beziehung zu mir selbst als auch meine Art, meine Beziehung zur Welt zu gestalten. Mit meinem Humor beabsichtige ich nicht, andere mit meinen Anekdoten zu erheitern, denn Humor ist nicht meine Gabe, sonst wäre ich vielleicht Kabarettistin oder Satirikerin geworden. Humor ist eine meiner Wesensarten.

Anhand dieser beiden kurzen Dialoge mit ihren akustischen Missverständnis konnte ich es herausfinden. *Während* ich die Situation erlebte, realisierte ich, wie sehr ich über ihre erheiternde Dimension lachen kann. Lachen bereichert mein Leben. Doch mein Humor kann mehr, mein Humor kann mich retten. Das ist ein großes Wort, doch er rettet mich immer dann, wenn er eine mir peinliche in eine erheiternde Situation umwandelt, indem ich über mich selbst, also mein eigenes Verhalten lachen kann. Ich lache mich nicht aus, ich lache quasi mit mir. Früher habe ich nach solchen Anekdoten weder über mich gelacht oder sie sogar lachend weitererzählt. Früher fand ich mich unbeholfen und unzulänglich. Wenn ich etwas missverstand oder nicht begriff, verzog ich mich und spulte diese Situation mental immer wieder zurück, um mir zu überlegen, wie ich anders, nämlich „cooler" hätte reagieren können. Das basierte auf einem falschen Selbstbild von mir, weil ich mich mit Menschen verglich, die kommunikativ scheinbar geschmeidig auf dem gesellschaftlichen Parkett tanzen konnten. Ich war verunsichert, wenn mir dieser Art Missverständnissen passierte. Je mehr ich mir meines Wesens bewusstwurde, desto sicherer wandelte ich mein falsches Selbstbild in ein authentisches Erleben meiner selbst und entdeckte, dass meine Art, mit der Welt und ihren Menschen in Kontakt zu treten, unkonventionell und zuweilen für mich voller Überraschungen ist. Diese Wesensart mochte ich schon immer bei anderen und mittlerweile auch bei mir selbst. Und ab dem Moment, als ich mich selbst lieben lernte, konnte ich über alles, was ich früher als ungeschickt empfand und bezeichnete, nun selbst lachen. Wenn ich auf einem Fest ein Getränk über mein Abendkleid verschütte, oder wenn ich mich verhaspele, wenn ich beim Boarding statt meines Personalausweises meine Kreditkarte zeige - die Liste dieser Situationen ist lang. Ich kann meine Unbeholfenheiten nicht nur annehmen, sie werden durch meinen Humor sogar zu einem „Gewürz" meines Lebens. So haben sich mittlerweile einige Begebenheiten angesammelt, über die ich auch Jahre später noch schmunzeln kann.

Während ich dies schreibe, sitze ich in meinem kleinen Einzelzimmer im zweiten Stock eines Berggasthofs auf 1200m Höhe. Es ist Mittag, und es ist heiß, Wanderer haben sich auf der Terrasse eingefunden, um sich bei einer Mahlzeit zu erholen. Die Sprachen und Stimmen, die zu mir nach oben in meine Schreibstube dringen, vermischen sich zu einem heiteren Hintergrundgemurmel. Ab und zu identifiziere ich ein Lachen, das ich morgens und abends oft höre. Es stammt von einem Gast, mit dem ich am Vorabend ins Gespräch kam, als die Gastwirtin mich mit meinem Namen ansprach und seine Tochter mir freudig zurief, dass ihre Oma auch Doris heißt. Er fragte mich interessiert, worüber ich schreibe. Statt abstrakter Beschreibungen gab ich ihm ein Beispiel. Ohne nachzudenken, erzählte ich von der Episode, die ich *Kim* getauft hatte, woraufhin er mir sein inzwischen so vertrautes Lachen schenkte. Diese hatte ich ja gerade erst zu Papier gebracht, umso mehr freute ich mich, dass die Botschaft bei ihm landete. Als er selbst eine Anekdote von sich beisteuerte und dabei erneut sein vertrautes Lachen erklang, sagte ich: „Du lachst so schön, auch über Dich selbst". Seine Antwort bestätigte mich in meiner Definition von Humor und machte uns damit zu Verwandten derselben Wesensart: „Ich erheitere mich einfach selbst an dem, was ich sage."

Nachlese:

Während ich diese Geschichte von Kim in der Kappelle, die ja Paula heißt, aufschreibe, bekomme ich eine Gänsehaut, denn der Kreis dieses Kapitels schließt sich auf eine magische Weise. Ich erinnere mich wieder an den Namen der fünfjährigen Tochter, die den ganzen Abend neben ihrem Papa saß: Sie heißt Paula. Sie ist ein wildes und fröhliches Mädchen, das nicht lange sitzen mag. Doch weil sie gerne neben ihrem Papa sitzen mag, blieb sie sitzen, während wir Erwachsenen uns unterhielten. Sie schaute oft ihren Papa von der Seite an und lachte mit, obwohl sie vermutlich nicht recht verstand, worüber wir sprachen und lachten.

Meine Gaben

Was gebe ich in die Welt?

Ein kreiertes Fundstück oder:

Wir haben die Frage vergessen…

„Ist das Kunst?" frage ich die vier jungen Leute, die auf einer Bank sitzen und schweigend auf die vor ihnen auf dem Fußweg stehenden Gebilde aus Styropor schauen. Weil mir die Ideen beim Schreiben vorübergehend abhandengekommen sind, bin ich in den nahegelegenen Park gegangen, um beim Spazierengehen auf neue oder andere Gedanken zu kommen. Ich bin gerade mal ein paar Minuten unterwegs, als ich eine Anhäufung von mir zunächst unverständlichen Elementen im Park mitten auf dem Weg vor mir sehe. Ich bleibe stehen und will herausfinden, was sie bedeuten. Ohne eine Antwort abzuwarten, füge ich gleich noch eine weitere Frage hinzu: „… ob das wohl eine Bedeutung hat?" Das wüssten sie auch nicht, antwortete mir einer der Vier, ein sympathisch aussehender junger Mann, jung zumindest aus meiner Perspektive, sympathisch ebenfalls aus meiner Perspektive. Sie hätten sich das auch schon gefragt. Und dann schob er einen Satz nach, der unmittelbar in mir angeklungen ist: „…doch dann haben wir die Frage vergessen". Ich freute mich an diesem Nachsatz und sagte schmunzelnd, mehr zu mir selbst als zu ihnen: „Wie metaphorisch ist das denn, für so manches, was das Leben uns bietet und darbietet!" Dann verabschiede ich mich und wünsche noch einen schönen Nachmittag. Ich spaziere weiter und erfreue mich an der lakonischen Ehrlichkeit des jungen Mannes und dem fast unmerklichen Grinsen der anderen. Es signalisiert mir, dass auch sie Freude an der Situation hatten. Gern hätte ich mich noch ein wenig länger mit ihnen unterhalten, doch die beiden Zweiergruppen wirkten nicht interessiert an einem Gespräch. Sie saßen eher „schweigend ins Gespräch vertieft", wie es in dem berühmten Oxymoron Christian Morgensterns heißt. Dieser schrieb auch die Fabeln über Palmström, der Hauptfigur, dem etwas Sonderbares widerfahren war. Mir fiel nur noch der letzte Satz ein, „...*und Palmström kam zu dem Ergebnis, nur ein Traum war das Erlebnis. Weil, so schließt er messerscharf, nicht sein kann, was nicht sein darf.*"

Dieser berühmte Dichter besuchte denselben Ort in den Bergen Südtirols, an dem ich in Sommer 2022 die Geschichten für dieses Buch verfasst habe. Ich schweife ab. Abschweifen ist fast derselbe Vorgang, der auch den jungen Leuten „geschah" und währenddessen sie dann ihre Frage vergessen hatten. Der Fachjargon spricht in solchen Fällen von assoziativem Denken. Viele Menschen mögen diese Art des Denkens nicht so gern. Gehirnforscher erklären inzwischen, was manch ein Kreativer schon lange durch seine eigene Lebenspraxis erkannt hat, nämlich, dass assoziatives Denken der Königsweg ist zu kreativen Lösungen. Abschweifendes Denken wird von vielen Menschen als störend und Zeitverschwendung beurteilt, doch dessen Effekte, nämlich kreative Lösungen, finden Menschen attraktiv. Viele Menschen buchen und besuchen Seminare, um genau dies zu lernen, nämlich das kreative Denken. Ich frage mich, ob Menschen sich auch zu einem Seminar anmelden würden, dessen Titel lautet: „Die Kunst des Abschweifens".

Während ich dies schreibe, erinnere ich mich an Martin Seligmann, den Begründer der Positiven Psychologie, und seinen Vortrag auf dem gleichnamigen Kongress im Sommer 2019 in Hamburg. Er beschrieb sich dort selbst als einen unermüdlichen Forscher. Was macht einen Forscher aus? Ein Forscher forscht, diese Tautologie hilft nicht viel weiter, ich weiß. Bei genauerer Betrachtung der Frage erklärt sich diese scheinbar selbst: Forschen ist eine nicht sichtbare Tätigkeit, da die eigentliche Arbeit im Geist stattfindet: Das Fragen, das Beobachten, das Auswerten und das Zusammensetzen von Erkenntnissen aus Beobachtungen. Dies alles sind Tätigkeiten, zu denen ich als Forscherin fähig sein muss. Doch vor allem muss ich forschen *wollen*, denn dann habe ich mein Motiv gefunden: ich bin Forscherin und habe Freude daran, mich diesen Mühen zu unterziehen, denn ich will etwas Neues entdecken. Dieses Verstehen und Entdecken macht das aus, was man dann *unermüdlich* nennt: also nicht müde werdend.

Galileo Galilei war so ein Forschender. Trotz der Pest, die um 1610 in Italien wütete und tausende Menschen umbrachte, blieb er als so ziemlich als einziger in Florenz zurück, weil er verstehen wollte, was es mit dem Mittelpunkt des Universums auf sich hatte. Nur in Florenz konnte er der Frage nachgehen, um den Beweis zu führen, dass die Erde sich um die Sonne drehe und nicht umgekehrt. Auch damit begab er sich in Lebensgefahr, doch nicht wegen der Bedrohung, an der Pest zu erkranken, sondern weil die Mächtigen aus Kirche und Politik das bisherige Weltbild mit aller Macht, allerdings ohne Argumente, verteidigten und ihn, der eine Gegenthese aufstellte, vernichten wollten, bevor die offenkundige Tatsache sich ausbreitete und damit den Mächtigen ihre Macht nehmen konnte. In dem nach Galileo Galilei benannten Theaterstück von Berthold Brecht findet sich dieser berühmte Dialog, in dem Galilei den Mächtigen anbietet, durch das Fernrohr in den Sternenhimmel zu schauen, um sich ein eigenes Bild machen zu können. Die von ihm eingeladenen mächtigen Herren befanden es für unnötig, durch das Fernrohr zu schauen, denn sie wüssten ja, was sie sehen werden, und im Übrigen würden sie sich auf die Zeugnisse der Antike und der Kirchenväter stützen.

Während ich Martin Seligmann zuhörte, schweifte ich ab und dachte an eine Frau, die mir aus dem Herzen und aus dem Geiste spricht: Hannah Arendt. Auch sie wollte verstehen, allerdings auf einem ganz anderen Feld, dem philosophisch-politischem. In dem legendären Interview mit Günther Gaus im Jahr 1964 beschrieb sie ihre Befriedigung bei dem unermüdlichen Prozess des Suchens und Hinterfragens. Wenn sie dann verstanden habe, wäre der Prozess abgeschlossen. Es gehe ihr nicht um die Anerkennung anderer. Das ist wohl den meisten Forschern zueigen. Diese Berufsbezeichnung ist nicht geschützt. Forschen ist ein Motiv, das zu einer Bestimmung werden kann. Und sie wirkte wohl auch bei Martin Seligmann mit, der zunächst viele Jahrzehnte über ein Spezialgebiet in der Psychologie forschte: *Erlernte Hilflosigkeit*. Er gewann damit einen gut dotierten Preis und verwendete den Betrag, um seinen forschenden Blick auf eine neue Frage zu richten. Er brauchte lange, wie er berichtete, um eine Frage zu finden, die bis dahin unerforscht war: was macht Menschen glücklich? Für diese Frage hatte die Psychologie bis dahin nur wenige Antworten. Die Philosophie schon eher, aber sie pflegt eine andere Art des Denkens. Nach 20 Jahren „Glücksforschung" änderte er wiederum seinen Forschungsgegenstand, von dem er uns an dem Kongress teilhaben liess. Rückblickend lässt sich ein Muster in seinem Forscherleben ausmachen: die Forschung über die *erlernte Hilflosigkeit* hat nämlich viel mit den Erfahrungen aus der *Vergangenheit* zu tun, die Forschung über das *Glücklichsein* dagegen viel mit der *Gegenwart* und damit, was die Menschen nur in ihr, also im „Hier und Jetzt" tun und unternehmen können, um glücklich zu sein. Seit einigen Jahren richtet sich sein Blick auf die *Zukunft* der Menschheit. Wiederum fand er eine neue Frage, mit der auf Entdeckungsreise ging. Dass wir, wer auch immer sich diesem *wir* zugehörig fühlt, über die Zukunft nachdenken, ist bekannt, auch über die Vorstellungen, die wir uns von der Zukunft machen, gibt es viele Veröffentlichungen. Doch was sich kaum jemand zuvor fragte, zumindest nicht systematisch, war und ist die Frage: *Wie* denken wir über Zukunft nach?

Jeder Forscher beginnt in seinem Forschungsprozess zunächst mit der Phase des Beobachtens. Unsere Beobachtungsfähigkeit ist wie ein ungezähmtes Pferd, sie springt von hier nach dort und manchmal auch wieder zurück. Um Erkenntnisse zu sammeln, müssen wir unsere Aufmerksamkeit ausrichten, und dazu braucht es eine Frage. Ein Forscher zeichnet sich also auch dadurch aus, dass er nicht nur verstehen will, er muss auch eine Frage generieren, die so bislang noch nicht gestellt oder erforscht und damit auch noch nicht beantwortet wurde. Diese Frage richtet die Beobachtung in eine bestimmte Richtung aus. Martin Seligman also fragte sich: „W*ie* denken Menschen über Zukunft nach?" Über seine Beobachtungen kam er zu der Erkenntnis, dass dies die allermeisten Menschen mit ihrem realitätsbezogen und nicht kreativen Denken tun. Der Platz in dem Hörsaal war zwar unbequemen, doch ich hörte gebannt zu und merkte es nicht mehr.

Als er über das kreative Denken sprach, begann ich erneut abzuschweifen und mich selbst zu fragen, mit welcher Art des Denkens ich über die Zukunft nachdenke. Und vor lauter Abschweifen verpasste ich einen Teil seines Vortrages. Doch meine Aufmerksamkeit war sofort wieder geweckt, als er eine Behauptung aufstellte: „Etwas richtig zu machen ist kein kreativer Akt". Sie leuchtete mir intuitiv ein. Da ich ob der Hitze im Vortragssaal etwas müde war, war ich froh, dass er uns auch gleich die Begründung für seine Behauptung lieferte. Wenn wir mit einem Problem konfrontiert sind, beginnt in unserem Hirn unmittelbar ein Suchmechanismus. Es scannt in seinem umfänglichen Archiv, ob das Problem oder wenigstens der Problemtypus bekannt ist. Wenn der Suchprozess ein „ja" auswirft, gibt es einen neuen Suchauftrag, nämlich Lösungen zu finden, die andere zuvor entwickelt haben, entweder in der eigenen Erinnerung, in einem Handbuch oder im Internet. Diese Lösungen gilt es dann zu übernehmen. Ich kopiere also die Vorgehensweise oder eine Problemlösungsstrategie, die andere vor mir herausgefunden oder entwickelt haben. Dabei muss ich nur darauf achten, dass ich es *richtig* mache, wobei das Machen ein Nachmachen ist. Das ist zwar kein kreativer Akt, aber vernünftig, weil zeitsparend und für das Gehirn ökonomisch. Das kreative Denken hingegen verbraucht sehr viel Energie. Man muss also gut ausgeschlafen sein und vor allem Lust auf kreatives Denken haben. Das haben Forscher und Entwickler, denn sie erleben Befriedigung im Prozess selbst. Sobald sie realisieren, dass sie vor einem neuartigen Problem stehen, also kein passendes Schema für die Lösung des Problems vorliegt, gilt es, eine neue Lösung zu finden. Problemlösefähigkeit benötigt also kreatives Denken.

Zurück zu der Frage, die sich Martin Seligmann stellte, ich habe sie noch nicht vergessen. Mit dieser machte er sich auf den Weg. Seine Frau und er besuchten Kreativitätsseminare auf der ganzen Welt, um zu recherchieren, auf welche Weise sich Kreativität wecken lässt. Immer wieder wurden ihnen ähnliche Übungen angeboten. Die häufigste Übung bestand darin, zwanzig Möglichkeiten zu assoziieren, was man mit einer Büroklammer machen könne.

„I found it boring" resümierte er. Ich höre noch jetzt den Duktus, wie er es sagte, mit seiner tiefen Stimme, seinem Gesichtsausdruck und einer Körperhaltung, die schlaffer nicht sein konnte. Noch heute erfreue ich mich an der Erinnerung an diesen Moment. Und sobald ich realisiere, dass ich etwas langweilig finde, höre ich seitdem seinen Satz in mir und lächle vor mich hin. Ich lese sehr gerne Autobiografien von und Biografien über Menschen, die ihr Leben mit Forschung und Entwicklung verbracht haben. Mich interessiert dabei vor allem, wie sie ihre Bestimmung gefunden haben. Immer wieder zeigt sich bei diesen Menschen in ihrem Werdegang: wenn sie etwas langweilig finden, wenden sie sich unmittelbar von dem Thema ab. Neugier ist des Menschen Antrieb. Sie setzt Energien frei, die das Gehirn braucht, um etwas Neues entdecken zu können. Zwanzig Anwendungsmöglichkeiten für eine Büroklammer zu finden, ist eine Aufgabe für das systematische Denken. Es bleibt weiter auf derselben Ebene des Denkens. Diese Aufgabe lässt sich damit der Kategorie *systematische Kreativität* zuordnen. Diese beiden Begriffe sind fast wie das Oxymoron zu Beginn des Essays. Mich würde diese Aufgabe auch langweilen. Jeder kreative Mensch weiß, dass man Menschen kreatives Denken nicht beibringen kann, weil es eine Art des Denkens ist, die ein kreatives Gehirn eigentlich immer von selbst produziert. Es ist für das Gehirn eine vergnügliche Tätigkeit, und diese äußert sich in ständigem Sinnieren, Abschweifen, Assoziieren, Tagträumen und Gedankensprüngen. Beim Sprechen kommt man Umgangssprachlich „vom Hölzchen aufs Stöckchen". Dank dieses Driftens kommt man zu Problemlösungen oder zu überraschenden Ideen. Wenn ich also ein neuartiges Problem lösen will, muss ich mir eine Frage stellen, die die Richtung für das Denken vorgibt. Der Weg zur Antwort hingegen ist ohne Richtung, also nicht linear, sondern ein Umherschweifen ohne Anfang und Ende. Welch ein Paradoxon: eine Frage braucht eine Richtung, damit der Denkprozess ohne Richtung verlaufen kann.

So schliesst sich auch dieser Kreis meiner Spur zu meiner Gabe des kreativen Denkens, die ich fand, ohne sie zu suchen: Ich meldete mich bei dem Kongress an, weil mich das neue Forschungsthema von Martin Seligman interessierte. Seitdem ich um meine Gabe weiß, weiß ich auch, warum es mir mitten im Tun passieren kann, dass ich meine Frage vergesse. Wann immer mir das geschieht, gehe ich spazieren…

Eine famose Fremdwahrnehmung
oder: „Du bist ja närrisch…"

Ich war schon immer ein Narr. Ich habe es nur nicht immer gewusst…
die Wirklichkeit war für mich eine bedeutungslose Illusion. Und ich
habe geglaubt, dass geht allen Leuten so. Na ja, ich war eben ein Narr.
Georg Kreisler

„Du bist ja närrisch" sagt Laura lachend zu mir. Sie ist zu
Besuch bei Rosi, meiner Vermieterin. Laura ist knapp 20 Jahre
alt, sieht aber viel jünger aus und lebt mit dem, was man das
Down Syndrom nennt. Sehr häufig höre oder lese ich, jemand
„leide unter dem Down Syndrom". Diese Äußerung zeugt von
Unkenntnis. Wer mit Menschen familiär oder beruflich zu tun
hat, die mit dieser genetischen Besonderheit auf die Welt
gekommen sind, weiß, dass diese Menschen nicht leiden.
Wenn sie leiden, dann an der Art, wie andere Menschen mit
ihnen umgehen, missachten oder übersehen, als seien sie
minderwertige Menschen. Darin unterscheiden sich die
Menschen nicht: Wer als minderwertiger Mensch behandelt
wird, leidet, und zwar unabhängig davon, ob man mit 23 oder
24 Genen auf einem Strang lebt. Laura lebt bei ihren Eltern,
die sie so lieben, wie sie ist. Um seiner selbst willen geliebt
werden, das brauchen wir alle. Laura ist also gesegnet, weil sie
diese Liebe erfährt. Einmal die Woche verbringt sie einen
Nachmittag bei Rosi auf deren Hof. Rosi ist eine warmherzige
Frau mit viel psychologischem Gespür. Sie vermag es,

Menschen, die mit Besonderheiten oder Begrenzungen auf die Welt gekommen sind, schöne Momente zu schenken. Das macht sie mit ihrem Einfühlungsvermögen und ihrer Freude am Verwöhnen, die sich manchmal in ihren Worten und bei Laura vor allem über das gemeinsame Tun überträgt. Laura lernt bei ihr, Spaghetti zu kochen oder Kuchen zu backen, hilft mit bei der Gartenarbeit, erzählt Rosi von ihren Erlebnissen und weiht sie in ihre Geheimnisse ein. Laura genießt Spaghetti und Kuchen lauthals und findet viele Gelegenheiten zu lachen. In diesen fünf Stunden klingt ihr Lachen häufig und kraftvoll in meine Räume. Wenn sie von ihrer Mutter abgeholt wird, umarmt sie Rosi zum Abschied innig und lange.

An einem dieser Nachmittage, an denen Laura zu Besuch ist, mache ich mich bereit für eine kleine Wanderung und gehe durch den Garten zur Pforte. Beim Gemüsebeet stehen Laura und Rosi, sie schauen gerade, welcher der Salatköpfe schon geerntet werden könnte. Laura sieht mich und ruft mir ein lautes „Hallo Doris" zu, dabei winkt sie ausgiebig und ausdauernd. Ich rufe zurück: „Hallo Laura, wie geht es Dir?" Unmittelbar und eindeutig kommt ihre Antwort: „Sehr gut!" Wir gehen ein paar Schritte aufeinander zu, um nicht so laut rufen zu müssen. Für mich ziemlich unvermittelt fragt sie mich: „Wo ist Dein Mann?" Ich antworte ohne nachzudenken „ich weiß es nicht", und denke mir, während ich dies sage, welch merkwürdige Antwort ich ihr da gebe. Mir scheint, Lauras ungewöhnliche Frage hat mich eingeladen, auf ungewöhnliche Weise zu antworten. Doch die Frage ist nicht ungewöhnlich, wäre sie in einem anderen Kontext gestellt worden. Angenommen, ich hätte einen Mann, mit dem ich gemeinsam für einige Wochen in den Bergen unterwegs bin, dann wäre Lauras Frage passend und auch nicht unvermittelt gewesen. Doch Laura hat mich all die Wochen immer allein gesehen, in meinem Liegestuhl liegend oder auf meiner Lieblingsbank sitzend, mal schreibend, mal schlafend. In Lauras Welt liegt ihre Frage nahe, weil sie hauptsächlich Frauen kennt, an deren Seite es einen Mann gibt. An meiner Seite sieht sie keinen Mann. Da Laura alles ausspricht, was ihr durch den Kopf geht oder was sie nicht versteht, fragt sie direkt, was sie wissen will. Meine Antwort ist für sie natürlich unbefriedigend. Es gibt keinen Mann. Es gab welche, und vielleicht gibt es irgendwann einmal wieder einen Mann an meiner Seite. Ich realisiere natürlich, dass meine Antwort nicht zu Lauras Frage passt, und erkenne schnell, woher meine Antwort kam: In ihr schwingt eine Vielschichtigkeit mit, die eher zum Abend zuvor passt, als Rosi und ich bei einer köstlichen Pizza über unsere früheren Beziehungen sprachen und realisierten, dass wir immer dann unglücklich waren, wenn wir uns zu sehr angepasst hatten. Da ich unbewusst dazu neigte, mich zu sehr auf meinen Partner einzustellen und mein *Eigenes* nach hinten zu stellen, genieße ich diese Lebensphase sehr, in der ich erstmalig herausfinden kann, was genau mein *Eigenes* ist, also was meine wahre Natur ist. Wenn ich mein Naturell kenne, weiß ich, welche Umgebung und auch, welche Menschen mir entsprechen, und stolpere nicht mehr in meine eigenen unbewussten Verhaltensmuster hinein, nämlich, mich selbst zu übergehen. Ob es jemals einen Partner geben wird, mit dem ich gemeinsam durchs Leben gehen werde, ohne mich selbst zu verlieren, steht in den Sternen. Ich suche nicht, ich weiß noch nicht einmal, ob eine Beziehung für mich jemals wieder passend sein wird. Vielleicht auch, weil

ich nicht weiß, ob es so einen Mann gibt? Wenn ich das „ob"
in ein „wo", austausche, ändert sich die Richtung meiner Frage
an mich und mein zukünftiges Ich. Diese Fragen stellten Rosi
und ich uns bis tief in die Nacht. Natürlich blieben sie
unbeantwortet, wie so viele Fragen, bei denen es nicht um
deren Beantwortung geht, weil es sich um Lebensfragen dreht.
Über diese Fragen zu sprechen, löste alte Erinnerungen aus.
Diese beschäftigten mich auch noch am nächsten Morgen.
Nun ist es Nachmittag, und ich höre diese Frage nach dem
„wo" von Laura. Das Gespräch des Abends wirkte wohl noch
in mir nach, so dass ich mich selbst mit meiner Antwort
überraschte.

Ich befürchte, Laura mit meiner Antwort zu überfordern, und
das will ich natürlich nicht. Doch sie scheint meine Antwort
lediglich unbefriedigend zu finden. Vielleicht erfasst sie aber
auch intuitiv, dass an Doris irgendetwas anders ist als an
anderen Frauen, die sie kennt. So erkläre ich mir jedenfalls
ihre beiden nächsten Fragen: „Warum hast Du keinen Mann?
Wie alt bist Du?". Ich übergehe die erste Frage, weil sie ja
genau die unbeantworteten Fragen des gestrigen Gesprächs
betreffen. Also antworte ich einfach nur auf ihre zweite Frage,
indem ich ihr mein Alter sage. Laura reagiert erneut prompt:
„Was, sooo alt?" Nun scheint für sie alles wieder Sinn zu
ergeben. Eine in ihren Augen so alte Frau ist in ihrer Welt zu
alt für einen Mann. Laura scheint zufrieden zu sein, denn sie
wechselt das Thema ihrer Befragung: „Wo wohnst Du?" Ich
antworte: „In Hamburg, das ist in Deutschland, ganz weit weg
im Norden." Sie fragt, wie weit weg das ist. „Tausend
Kilometer", lautet meine knappe Antwort. Noch jetzt höre ich

ihre Stimme in meinen Ohren, als sie mir ihre überraschende und ungewöhnliche Aussage zuruft: „Du bist ja närrisch!"

Ihr Satz wird mir immer in Erinnerung bleiben, vor allem wegen des ausgiebigen und ausgelassenen Lachens, das sich unter uns Dreien ausbreitet. Ja, ich bin närrisch. Was für ein wunderbares Wort, denn es birgt mehrere Bedeutungen in sich. Ich finde Vielschichtigkeit interessant, weil es soviel darin zu entdecken gibt und weil ich mir eine Schicht, in diesem Fall eine Bedeutung aussuchen kann. Wenn Laura eine andere Bedeutung meinte, ist das für mich ohne Relevanz. Laura und ich hatten einen wunderbaren Dialog. Was Laura mit meinen Antworten macht, weiß ich nicht. Ich vermute, dass es weniger die Inhalte sind, die sie in Erinnerung behalten wird, als die Erfahrung, mit Doris herzhaft lachen zu können. Auch mir wird unser Gelächter immer in Erinnerung bleiben. Doch ich habe auch ein ausgeprägtes Gedächtnis für Gesprächsinhalte. Ich kann sie selten genau wiedergeben, es sei denn, ich notiere sie mir, wie bei diesem. An die Wege in meinem Geiste, die ich mit manch einer Aussage mache, und die Tiefen, die ich mit einer Frage ergründe, erinnere ich mich immer. Aus den wenigen Fragen, die Laura an mich richtete, habe ich viel gemacht. Es ist daraus dieses Essay entstanden, und ich habe das Wort *närrisch* aus meinem passiven in meinen aktiven Wortschatz übernommen. Lauras Kommentierung habe ich in der Bedeutung aufgenommen, die mir entspricht. Dafür habe ich im Internet solange verschiedene Seiten aufgerufen, die Bedeutungen von *närrisch* anbieten, bis ich die zu mir passende gefunden hatte: „Du bist ja närrisch" höre ich seit diesem Nachmittag im Juli als „Du bist ja ungewöhnlich". Ja, das bin ich. Ich bin nicht gewöhnlich, sondern ungewöhnlich in meiner Art, die Welt zu sehen: in meiner Wahrnehmung von der Vielschichtigkeit und der Mehrdimensionalität im Leben. Das Auswählen einer Schicht oder einer Dimension in einer konkreten Situation fällt mir manches Mal nicht leicht, zuweilen wähle auch ich eine unpassende Ebene aus. Zuweilen verirre ich mich in der Welt, weil ich die vielen angebotenen Informationen nicht gut einordnen kann. Das passiert mir auf Buchungsportalen im Internet, auf Flughäfen sowie an anderen, von Menschenhand konstruierten Orten. Diese Orte sind nicht komplex, sondern kompliziert. Für Orte dieser Art braucht es Hinweisschilder und Navigationshilfen. Ich sehe sie zwar, doch sie verwirren mich. Da die Informationstafeln aber für andere anscheinend wegweisend sind, habe ich immer gemeint, mit mir stimme etwas nicht, ich passe nicht in diese Welt der Flughäfen. Einmal bin ich sogar in einem neu eröffneten Eisladen in Kopenhagen vor einer 10 Meter langen Theke verstummt und daran verzweifelt: Ich sah die vielen Eissorten, und auf der Tafel an der Wand las ich die vielen Optionen, die Größe der Kugeln betreffend, es gab sie in small, medium oder large, die Sorten, die Waffeln, die Toppings und noch weitere zusätzliche Angebote, die ich nicht verstand. Ich wollte lediglich zwei Kugeln Eis: Schokolade und Heidelbeere. Dieser schlichte Wunsch konnte von der attraktiven jungen Dänin hinter der Theke nicht auf Anhieb umgesetzt werden, sie brauchte weitere Informationen von mir, die in das Schema dieses Konzepteisladens gepasst hatten. Ich war überfordert und fühlte mich wie eine Sechsjährige, die zwar gerade Lesen gelernt, aber noch nicht genug Übung hatte. Die Dänin reagierte natürlich nicht auf die Sechsjährige, sondern auf die längst erwachsene, schon halb ergraute Frau, die ihr keine

Antwort gab. Zum Glück sprang meine Begleitung ein und konkretisierte meine Bestellung, so dass sie ins Schema des Eisangebotes passte. Nun hatte ich zwar das gewünschte Eis in der Hand, doch konnte ich es nicht mehr so recht genießen, denn ich fühlte mich noch immer wie ein kleines Mädchen, das doch nur zwei Kugeln Eis haben wollte und nicht verstand, warum sie nicht verstanden wurde. Nachdem ich das Eis schnell aufgeschleckt hatte, es war sehr heiß und das Eis schmolz schneller, als ich es essen konnte, so dass mir die Schokolade wie bei einem Kind aufs T-Shirt kleckerte, wusste ich nicht, ob ich lachen oder weinen sollte. Ich tat beides und entschied mich, diesen Moment als meinen Augenöffner zu nehmen. Früher hätte ich mir nicht erlaubt zu weinen, weil die Situation mir zu banal für Tränen erschien und mich auch niemand verstand in meiner Überforderung und Verzweiflung darüber, nicht in diese Welt zu passen. Früher habe ich nach dieser Art Erfahrungen von mir selbst gedacht, dass mit mir etwas nicht ganz richtig sein müsse, denn andere fanden sich in dieser oder einer ähnlichen Situation mühelos zurecht. Ich hatte also ein falsches Selbstbild von mir.

Heute weiß ich, dass mein Gehirn mir alles zur Verfügung stellt, um das Geschehen einer komplexen Situationen in ihrer Mehrdeutigkeit erfassen zu können und zu wissen, dass man sie nicht mit nur einem oder zwei Elementen in den Blick nehmen darf. Ich kann mich auf mein Gehirn verlassen, das sich bei Vielschichtigkeit weigert, vorschnelle Lösungen zu produzieren. Mein Gehirn warnt mich vor eindimensionalen Lösungen, weil sie Auswirkungen nach sich ziehen, die sogar kontraproduktiv sein können. Überall dort, wo sich das Leben in seiner Vielschichtigkeit zeigt, gewinne ich Ordnung und

Überblick, indem sich mir wie von selbst Muster zeigen. Mein vernetzten Denken offenbart mir Übersicht, wo andere sich in Details verstricken. Mit meinem ganzheitlichen Denken erkenne ich Wechselwirkungen und Dynamiken und kann die Ebene wechseln, wie Musiker die Tonart. Wenn andere mich früher für scharfsinnig hielten, war ich verwundert, denn ich brauchte nicht viel zu denken. Heute weiß ich, warum mir diese Art der Klarheit leichtfällt. Doch vor allem weiß ich, dass ich dafür Kontext benötige, ohne diesen kann ich keinen Sinn finden. Wer mir Kontext verweigert, weil er ihn nicht für wichtig erachtet, befindet sich in der Welt Linearität. Auftraggeber, Kunden oder Kollegen, die Komplexität nicht mögen, mochten mich entweder nicht so recht, oder ich kam nicht gut zurecht mit ihnen. Ausgenommen waren jene, die mich gerade wegen dieser Gabe schätzten. Dennoch kam ich mir häufig umständlich vor, solange ich nicht um meine Gabe wusste. Heute weiß ich, dass mein Gehirn die Art Vergnügen an Komplexität findet, die andere beim Jonglieren mit vielen Bällen erleben.

Für die Komplexität sozialer und lebender Systeme gibt es keine Gebrauchsanweisungen oder Hinweisschilder. Sie sind nicht mechanistisch nach dem Prinzip „wenn-dann" geordnet. Weil sie nicht-linear sind, entziehen sie sich allen Vorhersagen und Modellierungen. Sie sind auf einer ihrer immanenten Natur folgenden Weise geordnet, die sich als sichtbares oder als unsichtbares Geschehen zeigt. Ihre Wechselwirkungen entfalten und entwickeln sich auf eine lebendige, kreative und schöpferische Weise. Heute weiß ich, dass ich bei Anfragen zu Konflikten deswegen interessiert bin, weil mein Gehirn sich freut, komplex tätig werden zu können. Wird es jedoch kompliziert, fühle ich mich wie eine überforderte sechsjährige Doris, die die Welt nicht versteht und darum von sich denkt, sie sei dumm. Diese beiden Zustände in mir sind mir inzwischen zu zuverlässigen Indikatoren geworden. Und „Du bist ja närrisch" ist für mich zum geflügelten Wort geworden: Ja, ich erscheine Anderen manchmal tollpatschig. Und ich erscheine Anderen zuweilen seltsam, wenn ich meinem Gehirn die Gelegenheit gebe, seiner, also *meiner Natur* zu folgen. Seitdem ich die Verarbeitungsmuster meines Gehirns kenne, kann ich mich anderen besser vermitteln und vor allem besser um Hilfe bitten bei komplizierten Buchungsportalen. Seitdem ich mit meiner Eigenart meinen Frieden gefunden habe, finde ich mich besser zurecht in der Welt. Seitdem kann ich ähnlich „gestrickten" Klienten erklären, warum es ihnen so geht. Erleichterte Menschen verabschiedeten sich aus so einer Sitzung, in der ich sie aufkläre, wie ihr Gehirn arbeitet. Sie strahlen, weil sie sich zuvor noch nie so verstanden gefühlt haben und sich nun selbst besser verstehen. Sie konnten ihr falsches Selbstbild zugunsten einer erfahrbaren Erkenntnis über sich selbst austauschen.

Manche Erkenntnisse über mich selbst konnte ich erst gewinnen, als ich mir erlaubte, närrisch zu sein, also meine gewohnten Lebensbahnen zu wechseln. Wenn ich närrisch bin, also unkonventionell lebe, finde ich Orte, an denen meine Phantasie sprudelt. Dort begegne ich Menschen, mit denen ich auf meine närrische Weise Kontakt knüpfe und dabei ungewöhnliche Begegnungen erfahre. Eine davon war der Dialog mit Laura. Eine ungewöhnliche junge Frau, die mit ihrer wahren Natur wie von selbst verbunden ist und durch ihr natürliches Sein viel Freude in die Welt bringt.

Feedback einer Expertin
oder: „Ich lerne so gerne"

Mit diesem Satz beendet Ulf seinen Beitrag zu Beginn meiner eintägigen Schulung mit dem Titel „Die Logik der Psyche". Ulf ist einer von zwei Männern dieser Gruppe von insgesamt zehn Teilnehmern. Er stellt sich der Runde als letzter vor und erzählt von seinem Beruf, den er aktuell nicht ausübt, weil er sich um seine beiden kleinen Söhne kümmert. Er habe den Anspruch, ein guter Vater zu sein, das stresse ihn manches Mal, und er wolle besser verstehen, warum er sich selbst so unter Druck setze. Außerdem sei er an allem interessiert, was mit dem Menschsein zu tun habe. Abschließend sagt er strahlend, wie sehr er sich auf diesen Seminartag freue, und schenkt der Gruppe damit das Motto des Tages und mir nebenbei den Titel für diesen Essay: *„Ich lerne so gerne".* Während Ulf von seiner Motivation erzählt, strahlt er, und ich erinnere mich an mich selbst, die ich ebenfalls gerne lerne. Früher hatte ich immer wieder den Eindruck, mit mir stimme etwas nicht, wenn andere begeistert von ihrem Hobby erzählten. Ich habe Vieles angefangen und ausprobiert, doch ein Hobby habe ich nie gefunden, bis ich erkannte, dass mein Hobby das Lernen ist. Allerdings mit einer Einschränkung: Nur das, was mich interessiert, lerne ich gerne. Dass ich schon immer gerne gelernt hatte, konnte ich daran festmachen, dass ich Lernen nicht als Arbeit definiere. Wenn ich Vorträge oder Interviews hörte und an Fortbildungen teilnahm, die mich interessierten, hat mir das eine „Freude im Hirn" bereitet. Mit diesem deutlichen Empfinden von Vergnügen selbst in überfüllten Vortragssälen mit schlechter Luft realisierte ich, dass ich nicht nur mein Hobby gefunden, sondern es sogar zu meinem Beruf gemacht habe. Exakt dies sagt Ulf auch von sich und meint, er komme sich diesbezüglich manchmal *frühreif* vor, weil er immer der Jüngste sei, so auch heute. Dabei lächelt er und macht ein Wortspiel, dass viel besser beschreibt, was er ist, nämlich *früher reif*. Diese Übereinstimmung von Person und Inhalt überträgt sich auf mich und wirkt bei mir wie ein Energiesnack. Während ich in der Vorstellungsrunde die Beweggründe für die Teilnahme an diesem Kursus in mir aufnahm und mental mit meinem Konzept verwob, erinnerte ich mich, wie ich mich früher unter Druck gesetzt hatte, weil ich meinte, ich müsste die Erwartungen aus der Gruppe erfüllen. Je mehr Menschen sich auf Fortbildungen einfanden, die kein eigenes Motiv mitbrachten, desto gestresster und lustloser wurde ich. Meine ersten Berufsjahre waren geprägt von meinem Anspruch an mich selbst, möglichst alle in der Gruppe zufriedenzustellen, so dass ich mich immer am Rande der Überforderung befand, bis ich ein Feedback geschenkt bekam, das mir eine meiner Gaben bewusst machte: Nach ungefähr fünf Jahren Berufserfahrung als Trainerin für Kommunikation hatte ich mir eine gewisse Routine erarbeitet, ging aber noch immer nicht gelassen in ein Seminar. Ich war begeistert von der Kommunikationspsychologie und der unmittelbaren Anwendbarkeit der Modelle, die ich in meinem Studium von und bei meinem Professor Friedemann Schulz von Thun lernen durfte. In vielen firmeninternen Schulungen vermittelte ich seine Kommunikationspsychologie, stand am

Flipchart und erklärte das mittlerweile landesweit bekanntes Modell der *vier Seiten einer Nachricht*. Für mich war es ein geniales und exzellentes Instrument, um das eigene Kommunikationsverhalten unter die Lupe nehmen zu können. Das Modell ist unmittelbar einleuchtend, und ich liebte es, Nichtpsychologen dieses auf alltagstaugliche Weise zu vermitteln. Dazu erfand ich immer wieder neue Beispiele aus meinem eigenen Leben, um zu veranschaulichen, wie sich dieses Nachrichtenquadrat für die Analyse missratener zwischenmenschlicher Situationen eignet. Ich hoffte, damit zu einer bewussteren und konstruktiveren Kommunikation unter den Menschen beitragen zu können. Viele Wochen im Jahr und überall in Deutschland vermittelte ich die Grundlagen gelungener Kommunikation. Es gab einen großen Bedarf in Unternehmen und Organisationen, und die Kurse waren gut besucht. Bei größeren Gruppen wurden immer zwei Trainerinnen eingesetzt, so dass sich die Gruppen für Übungen in Halbgruppen aufteilen ließen. Ich war jung, zwar mit fünfjähriger Berufserfahrung, hatte aber immer noch die Befürchtung, dass mir abwertende Äußerungen von Teilnehmern zu diesen „Psychoinhalten" einmal „um die Ohren fliegen" könnten. Ich hörte von manchen Kollegen, denen dies widerfuhr, und ich konnte mir nicht erklären, warum es bei mir dazu nie kam. Darum blieb die Angst, es könne doch einmal geschehen. Im Winter 1998 hatte ich die Gelegenheit, ein Seminar gemeinsam mit einer Kollegin zu leiten, die auch gruppendynamische Fortbildungen anbot. Ich erhoffte mir, von ihrer Art, mit Gruppen umzugehen, etwas abschauen zu können, denn ich bewunderte sie darum, wie entspannt sie war. Unabhängig davon, was und wie jemand etwas sagte, blieb sie gelassen. Sie war mir ein Vorbild. Als wir am zweiten Abend bei einem Glas Wein unsere Absprachen für den nächsten Tag trafen, also aufteilten, wer welchen Programmteil übernimmt, fragte sie mich, ob ich nicht alle Kurzvorträge halten wolle? Ich schaute sie fragend an, und bevor ich ihr eine Antwort geben konnte, ergänzte sie ihre Frage mit einer Rückmeldung: *„Du trägst die Inhalte mit so einer Begeisterung vor. Ich selbst halte nicht so gern Vorträge. Dir merkt man an, wie gern Du lehrst. Du hättest auch Lehrerin werden können"*. Diese Worte von einem Profi zu hören, hat mich innerlich aufgerichtet. Dann folgte noch ein Satz, an den ich mich fortan erinnerte, wenn es still wurde in einer Gruppe: *„Die Teilnehmer hängen an Deinen Lippen"*. Es war einer dieser Schlüsselsätze im Leben, die ich aufschrieb und aufbewahrte, weil sie weit über die gegenwärtige Situation hinausreichen: Mir war nicht bewusst, dass ich gern lehre. Mir war nicht bewusst, dass Menschen mir gern zuhören. Der Blick dieser kundigen Kollegin auf mich öffnete mir die Augen, so dass ich mich selbst und die Reaktionen und Resonanzen in meinen Kursen neu betrachten konnte. Wenn es früher im Raum still wurde, war ich verunsichert, weil ich befürchtete, dass meine Ausführungen zu abstrakt seien. Dank des Feedbacks meiner Kollegin, einer Expertin für Gruppendynamik, war mir eine neue Perspektive möglich, die ich nicht aus mir selbst heraus hätte finden können. Für manche Erkenntnis brauchen wir den Blick der anderen auf uns selbst. Es muss allerdings ein Kennerblick sein, und es muss ein großzügiger Blick sein. Menschen, die in einem emotionalen Defizit leben, sehen zwar auch die Gaben anderer, können sie aber nicht anerkennend mitteilen, sondern entwerten, ignorieren oder bekämpfen sie.

Von da an konnte ich entspannter mit Gruppen umgehen, und meine Freude beim Halten von Vorträgen war mir bewusster. Und noch etwas ist mir durch das Feedback der Kollegin bewusst geworden: dass und wie Begeisterung und Expertise einander bedingen. Wenn mich etwas begeistert, will ich es lernen, darum beschäftige ich mich mit einem Thema, bis ich es verstanden habe. Auf diese Weise wächst in mir ein Wissen, das ich mir selbst erarbeitet habe. Aus diesem Wissen schöpfe ich, wenn ich es vermittle. Meine Begeisterung zeigt sich in der Art, *wie* ich mein Wissen vermittle. Selbst Menschen, die sich nicht für die Inhalte interessieren, spüren meine Begeisterung und meine Expertise in dem Thema. Wer sich entwertend über Inhalte äußert, offenbart sein Desinteresse. Wer sich interessiert, jedoch etwas nicht versteht, stellt eine Frage. Ich liebe es, wenn Teilnehmer sich trauen, auch ihr Nicht-Verstehen zu zeigen, weil daraus interessante Dialoge entstehen, und weil ich dadurch selbst weiter lerne. Ich erfreue mich daran, wenn andere mitdenken und sich dieses in ihren Fragen spiegelt. Lernen findet also auch dann statt, wenn ich lehre. Das Feedback, das ich von meiner Kollegin geschenkt bekam, hat mein Erleben und damit mein Leben verändert. Von da an widmete ich mich vermehrt den Themen, die mich selbst begeisterten, und dabei erkannte ich etwas Neues: meine Begeisterung macht mich unabhängig von der Anerkennung anderer. Das war ein weiterer innerer Paradigmenwechsel. Er machte mich entspannter in Bezug auf die Erwartungen aus der Gruppe: ich brauchte mich nicht mehr darin beweisen, dass ich *gut* war. Solange ich Trainerin für Kommunikation war und auf Menschen traf, die nicht gerne lernten, zumindest nicht das, was in diesen Seminaren vermittelt wurde, hatte ich ein falsches Selbstbild. Ich meinte, keine gute Trainerin zu sein. Erst als ich für mich feststellte, dass ich nur dann gerne lerne, wenn ich Interesse am Thema habe, öffnete sich mein Blick auf die Wechselwirkungen zwischen mir und den Teilnehmern: Je kompromissloser ich die Themen vermittelte, die ich selbst „gern gelernt" hatte, achtete ich darauf, dass sich auch nur die Menschen einfinden, die sich auch für dieses Thema interessierten. Meine Begeisterung konnte ich fortan teilen mit Menschen, die sich öffnen wollten für die Fragen des Lebens, die sich nicht direkt beantworten lassen. Meine Inspirationsquelle entdeckte ich immer dann, indem ich mich den für mich interessanten Fragen zuwendete. Die Antworten, die ich dazu gefunden hatte, veranschaulichte ich anhand meiner eigenen Erfahrungen. Dass sich andere Menschen dafür interessieren, ist für mich die schönste Bestätigung. Mit diesem neuen Blick auf mich konnte ich ein vermeintliches Defizit korrigieren: Bei vorgegebenen Seminarkonzepten für Führungstrainings kam ich mit dem Zeitplan selten zurecht, die Kurzvorträge und Auswertungsrunden dauerten bei mir immer länger als geplant. Ich war gestresst, wenn ich sah, wie eine Kollegin im Seminarraum nebenan den Zeitplan exakt einhielt. Ich konnte mich also nicht darauf hinausreden, dass der Zeitplan des Seminars zu knapp bemessen war. Erst, nachdem ich meine eigenen Fortbildungen konzipierte und keine Zeiten hineinschrieb, sondern alle 90 Minuten eine Pause einlegte, realisierte ich, dass meine Lehrkunst darin besteht, eine Überschrift zu nehmen und das Thema sich am Titel entlang entfalten zu lassen. Beim Vortragen entdecke ich immer wieder weitere Aspekte, die ich dann vertiefe. Und das ist das richtige Wort dafür: ich tauche ein in die Tiefe eines

Themas. Der Rahmen dieser firmeninternen Seminare passte nicht zu mir. Vor einigen Jahren fand ich ein Büchlein von Amos Oz mit dem Titel: „Wie man Fanatiker heilt". Dies Buch ist der Abdruck seiner Vortragsreihe an der Universität Freiburg. Es ist für mich eine Perle, und ich erwähne es hier, weil Amos Oz in einem seiner Vorträge sein Abschweifen kommentierte, währenddessen er abschweifte. Er meinte, dies sei einfach seine Art, und er zelebriere sie mit Genuss. Ich las sein Buch mit Genuss, gerade weil er abschweifte. Ob das Abschweifen gut oder schlecht ist, liegt also immer im Auge des Lesers. Wenn ich das, was ich gut kann, als eine Fähigkeit betrachte, brauche ich „nur" noch den Ort, also im übertragenen Sinne den Garten zu finden, in dem meine Gabe erblühen kann. Und dort blühe *ich* dann auf. Ungefähr zehn Jahre später bekam ich einen weiteren Satz geschenkt, der mich auf die Spur zu meiner Gabe führte. Am Career Center einer Hochschule bot ich ein Seminar an, das „es in sich hatte". Es trug den Titel "*Führung – will ich das...kann ich das?*". Es war gut besucht, und niemand brachte Führungserfahrungen mit, was auch so intendiert war. Das Seminar sollte zum Nachdenken über sich selbst anregen. Ich vermittelte also nicht Handwerkszeug für die Führungsrolle, sondern lud zum Reflektieren über sich selbst ein. Mein Ziel war es, den Unterscheid zwischen Wollen und Können bewusst zu machen. Da ist nur möglich über Selbstreflektion. Sie ist eine Fähigkeit, die es in der Tat „in sich hat", denn durchaus nicht alle verfügen über sie oder sind geübt in ihr. Eine Führungsaufgabe setzt die Fähigkeit zur Selbstreflexion voraus, denn ein Team zu leiten braucht das Bewusstsein dafür, dass Kommunikation und Zusammenarbeit immer in

Wechselwirkungen geschehen und gelingen. Dies beobachten zu können, ist eine geistvolle Tätigkeit, die kultiviert werden will. Am Abend des ersten Tages war ich frustriert und fragte mich, ob das, was ich vermitteln wollte, zu anspruchsvoll für die Gruppe sei. Also fragte ich abends in die Runde, was sie über sich selbst an diesem Tag gelernt hätten. Vitali, der Maschinenbau studierte, schenkte mir eine Rückmeldung, die einen weiteren Schlüsselsatz in meiner beruflichen Biografie markiert: *„Als ich verstand, worum es hier geht, hab' ich gemerkt, wie gut Du bist".* Diesen Satz schrieb ich mir auf und legte ihn abends in mein kleines Kästchen, das nur Anerkennungen dieser Art vorbehalten ist. Im Moment der Anerkennung sage ich mir immer, ich könne mich dieser Worte ganz bestimmt erinnern. Doch das verhält sich ebenso wie mit Träumen: wenn ich sie nicht aufschreibe, verflüchtigen sie sich. Das, was Vitali mir zurückmeldete, konnte er nur sagen, weil er mit einem wachen Blick für sich selbst durch die Welt geht. Diese Fähigkeit war mir bereits zuvor an seinen Fragen aufgefallen: seine Fragen entstammten nicht der Kategorie „Wie mach ich das?". Er stellte Reflexionsfragen, und diese zeigten mir, dass er das Thema *und* sich selbst verstehen wollte. Von dem Tag an blieb ich gelassener, wenn manche Teilnehmer an die Grenze ihrer Fähigkeit zur Selbstreflektion gelangten. Dieser Grenze ist zu eigen, dass man sie selbst nicht zu erkennen vermag. Durch Vitalis Worte bildete ich eine innere Referenz in mir aus, die mich unabhängiger von der Beurteilung anderer machte. Meine eigene Gabe konnte ich nicht selbst erkennen, weil ich sie schon immer in mir trug, ohne zu ahnen, dass es eine Fähigkeit ist, die ich nicht gelernt, sondern die ich kultiviert habe. Gaben in ihrer unausgereiften

Form nenne ich Potentiale. Sie wollen entdeckt werden, und dafür brauchen wir kundige Menschen, die diese beobachten können. Meine Gabe kann ich allerdings nur ausleben, solange mich ein Thema begeistert, so dass ich Lust habe, weiter in die Tiefe zu gehen. Darum überprüfe ich immer wieder, wie tief ich ein Thema durchdrungen habe. Wie mache ich das? Solange die Fragen zu einem Thema wie von selbst zu mir kommen, lerne und forsche ich weiter. Wenn meine Fragen verblassen, fange ich an, mich zu langweilen. Dann weiß ich, dass es an der Zeit ist, weiterzuziehen, da die Flamme meiner Begeisterung sich an einer neuen Frage anzünden will. Dann ist die Zeit reif, mich erneut auf den Weg zu machen und Neues zu lernen. Lehrkunst setzt voraus, die Flamme der Begeisterung für ein Thema in sich brennen zu lassen, diese vermittelt sich automatisch beim Vermitteln des Themas. Solange ich von mir erwartete, bei anderen Menschen Neugier zu wecken, für die Fragen, die mich selbst interessieren, überarbeitete ich mich und war frustriert. Ich genossene Lehrtätigkeit erst als ich das Wesen der Neugier entdeckte. Sie ist uns allen zu eigen und lässt uns gerne lernen. So auch Ulf, der geschmeidig und gekonnt alle Inhalte, die ich anbot, auf sich zu übertragen in der Lage war. Er stellte viele Fragen im Laufe des Kurses, und abends gab er mir eine Rückmeldung, die Anerkennung und Bestätigung zugleich war. Sie landete als ein weiterer Zettel in meinem Kästchen: *„Du bist so authentisch, und das macht Dich glaubwürdig. Darin bist Du mir ein Vorbild. Deine Begeisterung hat mich angesteckt und Du hast mich inspiriert"*. Dieses Essay begann mit Ulf, der bei sich selbst erkannt hat, dass er so gerne lernt. Und es endet mit Ulf, der mich erkannt hat, wie gerne und wie gut ich lehre.

Mit Selbsterkenntnis zur Selbstliebe
oder: Von der Süße des Seins

Wer bin ich?
Diese Frage führt mich auf die Spur zu meiner wahren Natur. Im bewussten Empfinden meines Naturells komme ich mit mir in Einklang und darüber zu den Quellen meiner Kraft. Im Wissen um mein Wesen verbinde ich mich auf friedliche Weise mit der Welt und kann harmonische Beziehungen genießen. Im Wissen meiner Gaben kann ich diese bewusst und aktiv ausleben und einsetzen. Ich erlebe mich dabei vital und erfahre Erfüllung in meinem Tun. Dieses bewusst erfahrene Wissen von mir selbst zeigt sich nicht als mein Selbstbild. Mich selbst zu kennen bedeutet nicht, mich von außen zu betrachten, sondern mich von innen zu empfinden. Diese innere Empfindung meiner Selbst nenne ich Selbstliebe.
Was will ich?
Was ist der Unterschied zwischen beiden Fragen? Die eine Frage ist ein Schlüssel zur Selbstliebe, die andere Frage ist ein Schlüssel zur Bestimmung. Meine Bestimmung zu leben ist Ausdruck meiner Selbstliebe. Die Bewusstheit meiner wahren Natur ist meine Ausstattung für einen neuen Weg, auf dem ich meine Bestimmung erkennen kann. Eine neue Reise beginnt, und ich öffne ein neues Kapitel in meinem eigenen Lebensbuch. Für das Losgehen benötige ich diese neue Frage: *Was will ich?* Diese nächste Forschungsreise folgt anderen Prinzipien und führt zu Selbsterkenntnissen anderer Art.

Immer, wenn ich an den begriff der Bestimmung denken, erinnere ich mich an die Metapher vom Würfelzucker. Was ist die Bestimmung des Würfelzuckers? Wir erfahre sie in dem Moment, wenn wir ihn in heißem Tee oder in frisch gebrühten Espresso hineingeben. Sobald er sich auflöst, entfaltet sich seine Essenz. Sie ist *Süße*.

Wir sind keine Würfelzucker. Um die Süße unseres Seins zu erfahren, müssen wir uns nicht auflösen. Wenn wir unsere wahre Natur erfasst haben, können wir uns bewusst dem Leben hingeben. Die Bestimmung bewusst zu leben bedeutet metaphorisch, den Würfelzucker aus seiner Verpackung zu lösen und ihn im heißen Tee oder Kaffee aufzulösen. Uns aufzulösen, also unsere Bestimmung zu leben, bedeutet, uns ganz und gar in das Leben hineinzugeben. Anders als beim Würfelzucker lösen wir uns dabei nicht auf. Wir verschmelzen mit dem Leben und erfahren dabei Sinn und Seligkeit, in anderen Worten: die Süße des Seins.